U0107591

读史与观心

从心读《资治通鉴》

张 元 ◎著

花山文艺出版社

河北·石家庄

图书在版编目（CIP）数据

读史与观心：从心读《资治通鉴》/ 张元著. ——
石家庄：花山文艺出版社，2024.2
ISBN 978-7-5511-6919-6

Ⅰ.①读… Ⅱ.①张… Ⅲ.①《资治通鉴》—研究
Ⅳ.①K204.3

中国国家版本馆CIP数据核字（2023）第219509号

书　　名：**读史与观心：从心读《资治通鉴》**
　　　　　Dushi yu Guanxin: Cong Xin Du《Zizhitongjian》

著　　者：张　元

策　　划：张采鑫　崔正山

责任编辑：张采鑫　李　鸥

特约编辑：苏会领　张华豹　何冰洁

责任校对：李　鸥

装帧设计：九章文化

封面设计：末末美书

美术编辑：胡彤亮

出版发行：花山文艺出版社（邮政编码：050061）
　　　　　（河北省石家庄市友谊北大街330号）

销售热线：0311-88643299

印　　刷：固安兰星球彩色印刷有限公司

经　　销：新华书店

开　　本：880×1230　　1/32

印　　张：7.75

字　　数：154千字

版　　次：2024年2月第1版
　　　　　2024年2月第1次印刷

书　　号：ISBN 978-7-5511-6919-6

定　　价：59.00元

（版权所有　翻印必究·印装有误　负责调换）

序 言

一个七岁男孩在街上听说书人讲故事，听得津津有味。回家讲给大人们听，讲得清清楚楚，仔细生动，十分精彩。家人大为讶异，小小年纪，只听了一遍居然都能记得，而且讲得如此动听。这个男孩就是司马光，讲的故事出自《左传》。他的这一表现，比起另一则著名的幼年逸事——砸破大缸，救出溺水小童，似乎与他日后的史学成就，更有关联。

《左传》记载的是东周时期史事，人物众多，事件亦繁；可以见到兴盛者有其原因，衰灭者不无理由。而嘉言懿行，足为典范者，更是所在多有。我们读《左传》，见到人物的德行表现特别受推崇。今天，我们熟知的"三不朽"：立德、立功、立言，也就是说的不朽之事，"最高的是树立德行，其次是树立功业，再其次是树立言论"，即出于《左传·襄公二十四年》。对德行的重视，为后代史家所继承，已是史学传统中的核心理念。

北宋之时，司马光在三位杰出史学家刘攽、刘恕、范祖禹的协助下，以"十七史"为基础，搜集大量史料，用十九年时光，完成了二百九十四卷的皇皇巨著——《资治通鉴》（以下简称《通鉴》）。司马光在全书首卷，议论三家分晋，智伯丧身，写道："才德全尽谓之圣人，才德兼亡谓之愚人；德胜才谓之君子，才胜德谓之小人。"虽然南宋朱熹指出这样的才德之辩，不无语病，但也可以看出司马光对德行的重视与肯定，或许来自他所熟悉的《左传》。

到了南宋，《通鉴》读者已多。有一位张仲隆氏，独辟一室，置《资治通鉴》一部，每天焚香阅读几卷，就以"通鉴"为室名，请朱熹撰文记其事，这就是《朱子文集》中的《通鉴室记》。朱熹写道："予闻之，古今者，时也；得失者，事也；传之者，书也；读之者，人也。以人读书，而能有以贯古今、定得失者，仁也。盖人诚能即吾一念之觉者，默识而固存之，则目见耳闻，无非至理。而况是书，先正温公之志，其为典刑总会，简牍渊林，有如神祖圣诏所褒者，是亦岂不足以尽其心乎！"大意无非是：史书记载，在于事件之得失。读史之人，能够以古鉴今，有所体会，即可明白根本道理。读者若能专心一志，有所感悟，必可增长见识，存于心中，所见所闻，都是道理所在。再说，司马光编著的这部书，内容十分丰富，所以，大家阅读之时应该尽己心力，方有所得。

朱熹与陆九渊相会于江西，讲论学问，就是文化史上著名的"鹅湖之会"。朱熹在前往之时，吕祖谦来访，两人在寒泉精舍月余，商定北宋理学家周敦颐、程颢、程颐、张载四人的学说要旨，编为《近思录》。现代学者指出，这应是世界第一本哲学选集。吕祖谦是一位怎样的学者？朱熹说："伯恭（吕祖谦字）于史分外子细，于经却不甚理会。"又说："向见（吕伯恭）说左氏之书，极为详博。"可见吕祖谦以擅长史学，尤其精于《左传》，享誉同辈学者。

吕祖谦说："大抵观古人事迹，于事上看不足以知他心，须平心看他心之所存；以他迹考他心，以所载考所不载，以形见考所不形见。"（吕祖谦：《左氏传说》卷十七）。意思是读史看古人所作所为，不能只在事件上看，而是要用心探索，看到他的思虑意念。从他的作为探索他的心意，从文字记载考察没有记载的部分，从事件表面追究事件背后的内心活动。这样读史，得到什么？吕祖谦说："人要心使事，不要事使心。"（《宋元学案·东莱学案》）意思是，做事应本于正心诚意，不可随着事件而引起各种欲念。当然，这还是理学家的本色。

在历史认知方面，事件经过与人们心意之间，应该呈现怎样的关系？浅见以为，胡三省给我们提供了最好的解说。胡三省是《资治通鉴》的注者，其父亲胡钥很喜欢《通鉴》，认为"四史"都有很好的注释，唯独《通鉴》没有，总是大憾，期待年少的三省将来为《通鉴》作注。胡三省十五岁，其父亲去世，为《通鉴》作注的嘱咐长在心中。他准备科举考试，不废史学；进士及第，各处做官，总是带着《通鉴》。历经亡国之难，书稿尽失，再买一本，重新做起。此后隐居二十余年，屏谢人事应酬，专心致力于注释《通鉴》，亲手抄录，不假他人。年纪渐渐大了，诸子请勿过于劳累，三省回答："完成《通鉴》注本，死而无憾。"

清末民初，章钰在天津以清胡克家覆元刻《资治通鉴》为底本，搜集宋、明各种刊本，比对校勘，写出校记七千余条，编为三十卷，目前已列入中华书局标点本各卷之中，作为注文。章钰对胡注详加研读，指出："胡氏注此书，极为严谨。"又说："颇疑胡氏掇拾各残本汇集成部而注之；躬遭国变，苦学如此，前修在望，不禁奋起。"钦敬感动之情，流露无遗。

胡三省的《资治通鉴音注》，功夫极其绵密，内容至为丰富，而且卓识高见，灵心善感，所在多有，可以视为带领我们进入《通鉴》密林的指路明灯，引导我们在这片苍莽之中探索前行，非但不致迷失方向，还能得到丰硕收获。

胡三省的引导要点在于"因事观心"，用他自己的话来说，就是"读《通鉴》者因其事而观其心迹，则知之矣"。此处之"事"，泛指事情、行为、言语，也就是人们的作为与言谈，表现于外的现象或情景，既是人们经历的，也是史书记载的。我们在史书记载上看到人们的作为与言谈，实不足以对历史事件有真切的认识。胡三省认为我们必须对它的成因、变化、发展的深层理由有所探究，方能真有所知；也就是必须观看主事者的心迹，理解他的心事。因为这是一条通往内心世界的路径，让我们看到更为真实的过去世界，也可以对人世间的种种现象有深入了解。西班牙哲学家奥特加·伊·加塞特（José Ortegay Gasset 1883—1955）说："历史是一出内在的戏剧，在人们的心灵中进行。"也有同样的意味。

简单说来，我们经由胡三省的启发，通过对"心"的思考或体会，可以深入历史世界之中。因为"心"是想象的过程，既有理性分析，也有感性体悟；既探知过去，也展望未来。有关较多的讨论，请参看附录拙文。

我们从"心"观看过去的世界，也不妨是重新阅读《资治通鉴》。

道善文化公司的崔正山先生，长期关注我的《通鉴》课程。多年前，崔先生来台北洽公，谈及录音出版之事。我赴北京大学开会，也蒙崔先生招待，再谈及此事。我总以为课程内容完整性不佳，整理出版难度高，成效差，并不理想。几年前，我写了一些关于《通鉴》的小文，以"张元谈历史话教学"为名，分别在台湾地区与大陆放上网络。这些小文，较为完整，自荐给崔先生，承蒙不弃，结集出版，至感荣幸。还是要向崔正山先生、金寒芽女士及责任编辑苏苏小姐致谢。同时，也要向台湾清华大学历史研究所硕士生张菁育、博士生杨伟婷，浙江大学"晨兴文化中国人才计划"学员欧文豪先生、罗赛博士一并致谢。

张　元

目　录

周勃的恐惧

汉高祖刘邦死后，太后吕雉掌控朝政，诸吕用事，旧臣虽失权职，相结为盟。吕后生前处处为能力不足的吕家子弟着想，给他们权势，教他们守住权位。另一方面，朝中的宗室，必然不满，如齐王之弟朱虚侯刘章，年仅二十，气概不凡，俨然与诸吕对峙。陆贾提出"天下安，注意相；天下危，注意将。将相和调，则士豫附"的建言，与陈平、周勃相结，奠定了在日后激烈的政治斗争中取得最后胜利的基础。吕家子弟虽然控有南、北军，大权在握，但见识低浅，不足成事，落入陈平、周勃的算计，吕禄交出北军兵权。周勃一呼"为吕氏右袒，为刘氏左袒"，军中皆左袒，吕产被杀，吕氏之乱，遂告敉平。尽管吕氏力量最强，宗室仍与之相抗，但最后成功并掌握政权的是周勃、陈平等朝廷旧臣。这些旧臣久经历练，智谋出众，诸吕远非对手，就是齐王等宗室也难以望其项背。

周勃等人决定迎立代王刘恒入继大统，他们心中自有盘算，无非认为代王有着"仁孝宽厚"的名声，想必易于操控。代王左右反对入继大统者，理由主要是这些大臣都是刘邦手下的狠角色，只有刘邦、吕后能够驾驭，其他人都不在他们眼下。况且，他们"新喋血京师"（意思是他们已经"歃血为盟"）结成一体，表面上迎接代王，实则不可相信。不过，代王中尉宋昌力拒众议，强烈主张他们立即进京继统，因为天下已归刘氏，民心已在刘家，无人可以撼动。代王采纳了宋昌的主张。代王进京，步步为营，十分谨慎，不敢大意。代王即天子位，是为文帝，周勃任右丞相，也就是正相，陈平是为左丞相，位居其次，朝政大权当然是在周勃手上。

文帝前元元年（前179），文帝已经熟悉朝廷事务，有一天，问周勃："天下一年判了多少死刑？"

周勃说："很抱歉，不知道。"

文帝又问："天下一年收入了多少钱粮？"

周勃又说："对不起，不知道。"

这时，周勃已十分惭愧，背上冷汗直流。

文帝问陈平同样的问题，陈平说："我不知道，可是有主管的官员。"

文帝问："主管的是什么官？"

陈平说："刑狱的事，问廷尉；钱粮的事，问治粟内史。"

文帝就说："既然事情都有人管，那你管什么？"

陈平说："陛下不以我愚昧，让我担任宰相。宰相的工作是帮助天子，调理阴阳，平顺四时，让万物各得其宜。对外，安抚四夷；对内，照顾百姓，让朝廷官员都把自己的事做好。"

文帝听了，很是称赞。周勃觉得非常没面子，出来就责问陈平："你为什么不教我如何回答？"

陈平笑着说："你担任宰相，居然不知道宰相该做什么事；如果陛下问你长安城中有多少盗贼，难道你也要回答出来吗？"

陈平的话，意思是盗贼是法外之人，不在朝廷管辖之内，当然没办法答得出来的。于是，周勃知道自己的能力不如陈平。没多久，就有人对周勃说：你对朝廷有大功，目前官高禄厚，荣宠无人可比，你要居高思危，不然，你就要遭到灾祸了。于是，周勃就辞了相职，由陈平转任右相。

这是一个很著名的故事，重点在于文帝处事手段的高明。文帝在熟悉朝政运作之后，很巧妙地收回权势，让周勃既羞且愧地离开了朝廷。

周勃到了封地，生活似乎一点儿都不安闲，时时处在紧张之中。

文帝前元四年（前176）：

> 绛侯周勃既就国，每河东守、尉行县至绛（胡三省[①]注：汉承秦制，郡有守，有尉；守掌治其郡，尉掌佐守典武职甲卒。行县，循行属县也），勃自畏恐诛，常被甲，

---

① 胡三省（1230—1302），宋元之际史学家。所著《资治通鉴音注》被公认为自宋元以来《通鉴》各家注本中最佳。

令家人持兵以见之。其后人有上书告勃欲反，下廷尉；廷尉逮捕勃，治之。勃恐，不知置辞（胡注：师古[1]曰：置，立也。辞，对狱之辞）；吏稍侵辱之。勃以千金与狱吏，狱吏乃书牍背示之曰：（胡注：牍，木简也，以书狱辞）："以公主为证。"公主者，帝女也，勃太子胜之尚之（胡注：韦昭曰：尚，奉也，不敢言娶也）。薄太后亦以为勃无反事。帝朝太后，太后以冒絮提帝曰［胡注：应劭曰：冒絮，陌额絮也。如淳曰：太后恚（huì）怒，遭得左右物提之也。师古曰：冒，覆也；老人所以覆其头。提，击之也］："绛侯始诛诸吕，绾皇帝玺，将兵于北军，不以此时反，今居一小县，顾欲反邪？"帝既见绛侯狱辞，乃谢曰："吏方验而出之。"于是使使持节赦绛侯，复爵邑。绛侯既出曰："吾尝将百万军，然安知狱吏之贵乎！"

周勃不是文帝手下的大功臣，也没有因为功臣的身份受到猜忌。周勃自己觉得不安，主要因为他曾是文帝的对手，他想控制天子，却被天子制服，贬出朝廷。他与文帝之间的情况，跟韩信与刘邦很不一样。《汉书》中记载，文帝很欣赏贾谊对时政的意见，想任他为公卿，以周勃为首的朝臣以"雒阳之人年少初学，专欲擅权，纷乱诸事"为理由反对，贾谊只有离开

---

① 师古，颜师古（581—645），唐初历史学家，以注《汉书》著闻，有《汉书注》。

朝廷。这件事可以视为周勃专擅、文帝谦让的一项旁证。

周勃被拘，送到了廷尉，受到执法之吏的苛刻对待；他行贿小吏，找到门路，公主、太后皆为他开脱，才安然无事。整个过程，他都处于恐惧之中，最后他讲出了"安知狱吏之贵"，正是反映了此时法律之严苛。

周勃见地方长官，全身盔甲，而且全家武装，所为何事？怎能不启人疑窦。其实周勃内心是恐惧的，是一个夺权失败者看不清楚情势而陷入自我疑虑的恐惧之中。到了法院（廷尉），怕到不知道该说什么才好，只好贿赂小吏，找一条门路，也颇有意思。而薄太后拿头巾打文帝，骂他：你怎么这么不懂事，当年周勃手握大军，腰系玉玺，不造反，今天住在一个小县，造什么反！描写得更是生动无比。只是这些都比不上周勃的恐惧。

周勃打败吕氏，应是汉朝的大功臣，由于功高震主，必然饱受猜忌。周勃的恐惧害怕，应与其时的法律严苛，随时可以逮捕他加罪有关。尤其想到自己歃血京师之时，不能说没有独揽大权的念头；就是退居乡里，一旦面对官员，还是紧张害怕，举止失常；而遭到法院拘留，更是恐惧不已。

袁盎直言不讳谏文帝

汉文帝是中国历史上为数不多的贤君，宅心仁厚，自奉俭约，为政清简，以德化人。"缇萦救父"的故事，更是说明他的慈祥恺悌，为后世称颂与怀念。

汉文帝是一位好皇帝，在他身旁，辅佐他应付问题、处理政事的大臣，都有哪些人呢？

我们稍读历史，想起的第一位，应是贾谊，这位献上《治安策》的"洛阳少年"阐述时政，先是痛哭，论诸侯王国之难制；再是流涕，谈匈奴之侵略威胁；又是长叹息，说富人侈靡，风俗败坏，而太子之教育，尤为要务。

第二位应是晁错，这位曾到山东向伏生学习《尚书》的学者，因为其时无人治《尚书》之学，而伏生曾为秦《尚书》博士，由于年纪太大，九十余岁，无法征至长安，朝廷遂派晁错前往，将《尚书》之学传来，文帝任命其为太子舍人，后为太子家令。晁错教太子以术数之学，即治国之术。晁错知识广博，思虑细密，论证严谨，有"智囊"之誉；上书论述时政，亦备受文帝赏识。

其时，诸侯王国势力日盛，贾谊献"众建诸侯而少其力"之策；景帝即位未久，依晁错主张，削弱诸侯，造成"七国之乱"。

文帝身旁名臣，除贾谊、晁错之外，尚有多人，张释之就是其中一位，这里想谈的却是另一位——袁盎。我们看看《通鉴》里文帝与袁盎互动的记载，选三则故事稍做说明。我们从《汉书》本传中得知，袁盎最先在吕禄手下任事，吕氏失败，袁盎兄长与周勃熟悉，经周勃引荐，袁盎得以进入文帝朝廷。

朝廷论诛除诸吕的功劳，以右丞相周勃为首，依次增加封户，赏赐金帛。周勃每次结束朝议离开之时，志得意满，神气十足；文帝对他十分尊敬，很有礼貌地目送他离去。周勃离开了，文帝不再拘谨刻板，露出轻松自在的神情。作为侍从的袁盎，劝谏文帝说："吕禄、吕产乱政，大臣联手把吕氏诛灭，当时周勃是太尉，军权在手，遇着机会建立大功。今天他任丞相，态度傲慢，不把陛下放在眼里，而陛下对他又是恭恭敬敬，皇帝大臣都犯了错，举止都不合体制，特别是陛下不可以这个样子。"此后，文帝对周勃的态度很端庄严肃，周勃也就不敢放肆了。

文帝前元二年（前178），文帝巡视霸陵，这是他为自己修建的陵墓。文帝想从西边回去，西边坡度很陡，袁盎任中郎将随行，捉住驾车马的辔头不让车动。文帝说："怎么，将军害怕了吗？"袁盎说："我听说，尊贵人家的小孩，不坐在阳台边上（千金之子，坐不垂堂），就是怕会摔下去。贤明的国君，也是不冒险（不乘危），不侥幸。今天，陛下想乘着几匹马拉的车从陡坡奔驰而下，如果马受惊失足，车撞石头毁坏，车上的人非死即伤，就算陛下自己不在乎，也要想想开国的高祖与宫中的太后会不会受得了。"文帝便不走西边了。

同年，文帝宠幸慎夫人，在宫中，慎夫人时常与皇后同坐。到了官署，袁盎引领慎夫人入席，不与皇后同坐，慎夫人生气了，不肯坐。文帝也生气了，站了起来要回宫中。袁盎一步上前，对文帝说："我听说，地位高的和地位低的，各依其位置，则上下必然和谐安定（尊卑有序，则上下和），今天陛下已经立了皇后，夫人就是妾；妾与女主人怎能同坐？再说，陛下如果喜欢她，多给赏赐就好了。陛下对慎夫人好，却将她放在一个不合适的位置，其实就是在给她带来灾祸，戚夫人得罪吕后的事近在眼前，足以为戒啊！"文帝听了，觉得有理，很高兴，就对慎夫人说了，慎夫人拿出五十斤的黄金赏给袁盎。

第一则故事，《通鉴》所记简要，《史记·袁盎晁错列传》记载了他与文帝的一段对话。袁盎看到周勃得意扬扬的那副德性，文帝毕恭毕敬的谦卑姿态，感觉不应如此，很不舒服，就对文帝说："陛下以为周勃是怎样的人？"文帝说："他是重建朝廷的社稷之臣。"袁盎说："周勃只可以说是功臣，不能说是社稷之臣。我们说社稷之臣，那是指国君在，他就在，国君亡，他也亡，与国家朝廷共存亡的大臣。吕后专政之时，吕家子弟掌握权势，擅自封王，刘家的汉朝十分危险，即将不保。那时周勃是太尉，主持军政，他做了什么？什么都没做！吕后死了，吕禄、吕产无能，大臣联手诛除吕氏，周勃主持兵事，时机正好，得以立功，可以说是功臣，但不能说是社稷之臣。丞相对国君一副满不在乎的样子，而陛下又是恭敬谦卑，可以说双方都不对，都不合体制。"《史记》所记的袁盎的这番话，把文帝何以听从袁盎，做了说明。本传又记，周勃看到皇帝态度变了，觉得奇怪，稍加打听，便知是袁盎的缘故，就对袁盎说："我与你哥哥熟识，也帮过你，你怎么能在朝廷讲我坏话？"袁盎未予理会，也没有道歉。后来周勃出事了，有人告他谋反。这时，只有袁盎清楚说明周勃无罪，使周勃得释，两人遂结为好友。

这是一则君臣伦理故事，君臣位置不同，应该各有其适当的尊严与仪态。国君谦卑，大臣傲慢，这样的朝廷，上下倒置，绝不妥适。袁盎的劝谏，维持了应有的伦常体制。

第二则故事，文本所述已很明白，强调的是责任感。"责任感"表现于何处呢？就是要从"不冒险，不侥幸"做起。作为国君，责任何其重大，上对宗庙的祖先、宫中的母后，下对全国的百姓、朝廷的官吏，都有不可推卸的职责，行事必须处处小心，怎能冒险侥幸？

国君固然负有重大责任，其实任何一个人都有责任在身，都应对自己、家庭、工作、社会负有一定的责任，都不可以冒险侥幸。今天酒驾肇事的悲剧时有发生，究其祸因，多起于自恃酒量好，驾车技术欠佳而冒险侥幸，也就是责任感的丧失，有以致之。

这件小事让文帝对袁盎的认识应该有所转变，是怎样的转变呢？袁盎从一个怯懦的将军，转变为一位明白事理的大臣；文帝接受劝谏，多少说明他也明白事情的道理。

第三则故事，袁盎何以会说出这番劝谏的话？文帝与袁盎之间有其君臣关系，皇后与慎夫人之间，亦有君臣关系；再说，文帝与皇后、慎夫人又有夫妻关系。这些关系决定了行事的准则，也就是体制的规范。我们再问：文帝何以从"生气"转为"高兴"？很简单，就是文帝听懂了袁盎所说的"道理"，而且以不久之前的事件为例，更有说服力。文帝之怒是情绪上的不满，其后的高兴是明白事理的喜悦。用世事的道理来改变国君的情绪反应，就是杰出谏臣的作为，也是纳谏明君的风度，这件事也可以作为一个例子。

此外，淮南王刘长骄纵不法，袁盎一再向文帝劝谏，文帝不听；刘长愤恚而死，文帝哭得很悲伤。此事《通鉴》有所记载，基本上亦与伦理道德有关，我们就不再重复强调了。

袁盎的进谏当然不止这三则，我们读到这里，想到好皇帝一定留他在身旁，让他表现个够。但是，任何皇帝都不会喜欢像聒噪的乌鸦一样的大臣，时时说这不对，说那也不对，所以，贤君汉文帝还是把袁盎遣出朝廷。文帝先将袁盎调为陇西都尉，显然是个武职。他对士卒照顾有加，士卒为他效命。再被调到齐国为相，又被调去吴国为相。吴王濞与朝廷关系紧张，有所图谋，无人不知，袁盎到吴国任相，就像身陷火坑，非常危险。袁盎的侄子袁种对他说："吴王骄纵，不尊朝命已有时日，招纳亡叛，国多奸贼。您去了，如果想要有番作为，吴王不是上书告您违法，就是派人将您刺杀。所以，您去了，只是喝酒，不要管事；吴王找您谈话，您只说'不要谋反啊'就好了，其他不多说，这样或许可以免除灾祸。"袁盎就照着做，吴王濞对他很好，后来他又被调回朝廷。

我们知道，袁盎与晁错不和，景帝即位未久，专任晁错，执行对诸侯国削地的政策，最大的目标就是吴国，吴王因此起兵。晁错要手下收集袁盎在吴国的黑材料，说袁盎得到吴王濞的好处，支持吴王的反叛，他的手下就是找不到这方面的事证。这是后话，见于《史记》本传，《通鉴》未录。

《史记》与《汉书》都将袁盎与晁错列于同一卷中，班固的"赞曰"，于袁盎部分，大多抄录《史记》"太史公曰"，但晁错部分，则全然不同，可见班固同意太史公对袁盎的评论意见。司马迁的论赞中有两句关键的话："仁心为质，引义慷慨。"说明袁盎的动机与行事，可以用"仁"与"义"来概括，可说是至高的赞扬。而其所赞扬的要点为何，应该就是事事讲求其中的道理吧！

附带一提，《史记》该卷最后的"索引述赞"论及袁盎，用了八个字"揽辔见重，却席骖赖"，正是我们所取的第二则和第三则故事，可见这两个小故事，后世史家并不小觑啊！

"真将军"周亚夫驻细柳

　　这个故事取自《史记》的《绛侯周勃世家》,《通鉴》取材自《史记》,但交代劳军背景,较《绛侯周勃世家》所记稍详。时为汉文帝后元六年,即公元前 158 年。

　　这年冬天,匈奴骑兵分两路进攻,三万攻入上郡,三万攻入云中,杀了不少人。各地点燃的御胡烽火,连长安城及甘泉宫都可以望见。文帝派中大夫令免为车骑将军屯驻飞狐,苏意为将军屯驻句注,将军张武屯驻北地,周亚夫为将军驻扎细柳(胡注:师古曰:《匈奴传》:置三将军,军长安西细柳,渭北棘门、霸上),刘礼为将军驻扎霸上,徐厉为将军驻扎棘门,以防备匈奴的侵犯。文帝更亲自前往长安附近的防御要地,巡视慰劳。

　　文帝君臣的车骑进入了营区,将军亲自迎迓,拜见皇帝,行君臣之礼。皇帝对将士们的辛劳,宣慰嘉勉一番,将军恭送,离开军营,一切行礼如仪;霸上如此,棘门亦然。君臣一行巡视了营地状况，如同平日所见，未有严重缺失，却也感到似乎有所不足，于是，来到了细柳。

细柳的情况，大为不同。首先，天子来到，居然进不了营门。原因是军中只听命于将军，其他一概不从，就是皇帝诏令，也不买账。于是经过了一定程序，文帝进入营区，缓步前行。将军一身铠甲，手持兵器，居然以甲胄之士不便跪拜，只是作揖行了军礼；文帝为之动容，俯身车前横木回礼，表达劳军之意，还以礼敬的口气问候将军。文帝君臣营区所见，将士盔甲明亮，武器皆在手旁，随时可以动用，俨然一幅士饱马腾，准备停当，一声令下即可出击的景象。

出了军营，群臣大为惊讶。他们随皇帝劳军，居然不得其门而入，怎能不惊讶。进入军营，居然叫朝廷君臣遵守将军所定营中规矩，也是惊讶。再看周亚夫见到皇帝，居然不行君臣之礼，真是闻所未闻，更是惊讶。另一方面，天子驾到，营门居然借故不开，文帝并未动怒，让人讶异。周亚夫以军中不便行君臣之礼为理由，以作揖的军礼代替，文帝非但接受，还以谦和态度、礼敬口气问候，也是让人不解，十分讶异。

我们从文本的叙事中看到，周亚夫以军事优先为考虑呈现出的种种高姿态，以及文帝认同、赞许周亚夫做法而配合演出的低身段，完全颠覆了君尊臣卑的应有格局，怎能不让群臣惊讶不已！

文帝见到群臣惊讶的面容，做了说明。我之所以处处配合，主要是我认为周亚夫是一位"真将军"，霸上、棘门两处军营，随随便便就开了营门，营中将士一副随随便便的样子，敌人来袭怎能守得住？像周将军这样，谁来突袭，必予以迎头痛击，也就没人敢来冒犯了。

文帝说周亚夫是真将军，"真将军"率领的军队纪律严明、训练有素、士气高昂、装备精良。周亚夫是真正的将军，巨大的功勋与坎坷的命运，等候着这位真正的将军。

是母系背景，还是宫闱斗争？

　　汉景帝前元六年（前151），记载了一件有点儿复杂的事。如果我们读原文，稍稍走神，即如坠云里雾中，寻不着头绪。那就用白话文改写一下，或许可以稍减我们阅读时的负担。

　　以前，燕王臧荼有一个孙女，名叫臧儿，嫁给槐里的王仲，生了儿子王信及两个女儿。王仲死了，臧儿又嫁给长陵田氏，生了两个儿子，田蚡（fén）与田胜。汉文帝时，臧儿的长女嫁给金王孙，生了女儿金俗。臧儿占卜，得到的回应是：两个女儿都会大贵。臧儿就要把嫁给金氏的女儿要回来，金氏大怒，不肯，臧儿就把她送进太子宫中。王氏入宫生了一个儿子，名字叫彻。这位王氏怀孕时，做了一个梦，梦见太阳进入了她的怀中。

　　景帝即位，长子荣立为太子。太子的母亲栗姬是齐国人，景帝的姐姐刘嫖（馆陶公主）想把女儿嫁给太子。栗姬对这位大姑有意见，因为后宫的美女都是靠这位大姑的牵线得幸皇帝，所以不同意太子娶这位大姑的女儿。刘嫖就要把女儿嫁给王夫人的儿子，就是刘彻，王夫人答应了。于是，刘嫖有机会就对景帝说栗姬的坏话，同时也经常赞誉王夫人的美。【《通鉴》这里出现了一个方括号，如下：［章：甲十五行本"人"下有"男"字，乙十一行本同，孔本同。］即"长公主日谗栗姬而誉王夫人［男］之美"。】景帝也觉得不错，很满意，又听说了怀孕时太阳入怀的事，但也没有做什么决定。

王夫人知道景帝对栗姬不满，嘴里经常念着。（胡三省在这里写了一条注："《史记》曰：帝尝体不安，属诸子为王者于栗姬曰：'善视之！'栗姬怒，不肯应，言不逊。帝恚，心嗛之而未发也。"）王夫人知道景帝气还没消，就派人怂恿"大行"，一位掌管接待事务的官员［这里胡三省又写了一条长注："刘敞（字原父，北宋人，与其弟刘攽、其子刘奉世，皆为著名的两《汉书》专家）说：《史记》文、景事最略，《汉书》则颇有所录。盖班氏博采他书成之，故于景帝世谓典客为鸿胪，行人为大行。由他书即武帝时官记景帝世事，班氏失于改革耳，非《表》误也。"］请景帝立栗姬为后，景帝还在气头上，听了这个建议，更是生气，说："这种事是你该说的吗？"就依刑律，把这位"大行"判了死罪，杀了。

次年，十一月，废太子荣为临江王，太子的老师窦婴力争，未得景帝允许，窦婴就称病请辞。栗姬怨气难消，也就死了。于是立王氏为皇后。

这是交代武帝母系背景的一段重要文字。王太后与刘嫖，后来仍然有所演出，这里只是她们最初亮相。如果读文字所述的内容，宫闱斗争最为明显。

四位女性中，三强一弱。三强之中，何人最"厉害"，很难说，其实是无分轩轾的。我认为，王夫人最厉害，因为她生了刘彻，就是汉武帝。单单这一点，无人能比得上；再看她用阴险的计策斗倒栗姬，可谓足智多谋，且十分狠毒。而刘嫖何尝简单，要把十分普通的女儿嫁给太子，用尽心思，也得偿夙愿，其中斗争的手段、技巧，无不运用自如。再说老太太臧儿，则是这幕宫闱斗争的启动者，她可以借由卜筮上知天意，更不是一般人所能及，怎能说不"厉害"？相较之下，栗姬强敌环伺，真是毫无招架之力，只知依恃太子之母的身份，不知敬谨任事，而是使些小性子，讲些小气话，怎能不一败涂地，"恚恨而死"是其必然下场。

汉廷第一直臣汲黯

《通鉴》载有汉武帝与汲黯的多次谈话，其中一次最为著名，那就是青年皇帝谈到施展儒术的大计，讲得兴高采烈，汲黯一句："陛下内多欲而外施仁义，奈何欲效唐、虞之治乎！"宛如冷水浇头，武帝不说话了，生气了，脸色变了，于是"罢朝"，结束了这场君臣之间的对话。其后是朝臣为汲黯担心，汲黯却不以为意，认为当臣子的就应该知无不言，武帝也称许汲黯为"社稷之臣"。这是建元六年（前135）的事。

十五年之后，元狩三年（前120），《通鉴》记载武帝与汲黯二人关于进用人才的谈话，记于下：

> 上招延士大夫，常如不足；然性严峻，群臣虽素所爱信者，或小有犯法，或欺罔，辄按诛之，无所宽假。汲黯谏曰："陛下求贤甚劳，未尽其用，辄已杀之。以有限之士恣无已之诛，臣恐天下贤才将尽，陛下谁与共为治乎！"

黯言之甚怒，上笑而谕之（胡注：黯言之甚怒，上乃笑而喻之，即其怒笑之间而观其君臣相与之意，则帝之于黯，非但能容其直，而从容不迫，方喻之以其所见。使他人处此，固将顺之不暇矣，而黯自言其心犹以为非，此岂面从退有后言者哉！黯之事君，固人所难能；而帝之容黯，亦非后世之君所可及矣）曰："何世无才，患人不能识之耳。苟能识之，何患无人！夫所谓才者，犹有用之器也，有才而不肯尽用，与无才同，不杀何施！"黯曰："臣虽不能以言屈陛下，而心犹以为非；愿陛下自今改之，无以臣为愚而不知理也。"上顾群臣曰："黯自言为便辟则不可（胡注：朱熹曰：便者，便人之所好。辟者，避人之所恶），自言为愚，岂不信然乎！"

汲黯是有话直说，只要道理所在，不顾后果如何的人。问题是武帝同意他所说的"愚"，是什么意思？字面上，那就是笨，说话不看对象，不管场合，觉得有理就不饶人，那不是笨吗？汲黯的笨，笨在坚持原则，不做任何妥协，更不会见风转舵，顺应情势，这样的笨是受人尊敬的。这就是说，汲黯的自我认知，也同样是武帝心中对汲黯的认识。

我们不妨先想象一下二人对谈的大概情景。汲黯觉得武帝用人太严苛，稍不满意，即予黜退，甚至杀戮，这样的做法，自然不是用人之道。武帝则坚持自己的看法，不做任何退让，强调只要不能为我所用，即是废物，杀之可也。汲黯心里明白，武帝善于言谈，这番话语，展现了他极其聪明的一面，而不是站在为政用人的情理上。只是这个话题无法再谈下去了，只能承认辩论失败，但汲黯仍然不同意武帝的这番说辞，不认为它合乎用人的道理。

汲黯见到武帝用人之苟，不以为然，发而为言，怒气难免。就是辩论失败，仍然不以武帝所言为是；但他不属于表面应付，唯唯诺诺，出了朝廷再大吐怨言，仍然固执己见。而武帝心里不同意汲黯的批评，非但与他辩论，而且笑着听，笑着说，没有动怒，更没有斥责，尤其难得。臣子直言不讳，君主有度能容，这是遍观昔日朝廷鲜见的一幕。所以，君容臣直，就是君臣的相处之理。

如果我们翻读《通鉴》，会发现在这段文本之前记载的一件事，已透露武帝对汲黯有所不满了。那年，汉得神马于渥洼水中，武帝立乐府，命司马相如等人编写诗赋，为宦官李延年设协律都尉，将文辞与音律结合谱成乐章。汲黯批评说："帝王的音乐，上以承祖宗，下以化兆民。今天，陛下得了神马，作诗赋，制音乐，用于宗庙，祖先百姓能够了解吗？"《通鉴》接着记："上默然不说。"这段之后，就是我们读到的文本，武帝还对让他"不说"的汲黯，笑着听批评，笑着提反驳，真是不容易。这种容人的度量，君主少有。

再过两年（元狩五年，前118），武帝与汲黯见面、谈话，但已是最后一次，此后汲黯即走下历史舞台。武帝身旁也就少了一位不断对他提出谏言的"社稷之臣"。

上以为淮阳，楚地之郊（胡注：师古曰：郊，谓交迫冲要之处），乃召拜汲黯为淮阳太守。（胡注：黯去年免，故召拜之。）黯伏谢不受印，诏数强予，然后奉诏。黯为上泣曰："臣自以为填沟壑，不复见陛下，不意陛下复收用之。臣常有狗马病，力不能任郡事。臣愿为中郎，出入禁闼，补过拾遗，臣之愿也。"上曰："君薄淮阳邪？吾今召君矣（胡注：师古曰：言后即召也）。顾淮阳吏民不相得（胡注：师古曰：顾，思念也。言吏民不相安而失其所也），吾徒得君之重（胡注：师古曰：徒，但也。重，威重也），卧而治之。"

黯即辞行，过大行李息曰："黯弃逐居郡，不得与朝廷议矣。御史大夫（张）汤，智足以拒谏，诈足以饰非，务巧佞之语，辩数之辞，非肯正为天下言，专阿主意。主意所不欲，因而毁之；主意所欲，因而誉之。好兴事，舞文法，内怀诈以御主心，外挟贼吏以为威重。公列九卿，不早言之，公与之俱受其戮矣。"息畏汤，终不敢言；及汤败，上抵息罪（胡注：师古曰：抵，至也，致之于罪也）。

使黯以诸侯相秩居淮阳，十岁而卒。

武帝把汲黯再召回朝廷，即派赴淮阳任太守。汲黯回到朝廷固然欣喜，但前往淮阳非他所愿，一再诉说希望能留在朝廷陪伴君主，扮演过去的角色，武帝不允。汲黯又陈述体力不济，不足以担当地方长官的重任，武帝则说只要借重他的名气，不需他出什么力气，卧而治之即可。这其实就是要把他派出去，不留他在朝廷。

汲黯赴任前，对李息讲了一段话，主要是批评张汤，并要大家防范张汤。汲黯对张汤极其不满，引文中他的话已讲得很清楚了，主要是张汤甚得武帝宠幸。尽管他非常聪明，很有能力，但所作所为都是为了讨好武帝，而不是为了天下苍生。张汤的声势越来越大，对国家、对朝廷的危害也就更大。如果朝中大臣不能设法让武帝知道张汤的可怕，快快把他除掉，将来大家都要陪他一起受到严厉处罚。李息怕张汤，不敢向武帝进言，最后就如汲黯预言，赔上了性命。［按：张汤后来卷入朝中的政治斗争，说了谎话，犯了武帝最忌讳的欺罔罪，系狱，自杀。张汤兄弟要为他办一场体面的葬礼，张汤的母亲不同意，说张汤是天子的大臣，被人恶意攻击而死，不必办什么风光葬礼。《汉书·张汤传》记载，武帝听说张母的话后有言："不是这样的母亲，就不会生出这样的儿子（非此母不生此子）。"班固写这句话，给人的感觉，似乎是武帝对张汤仍有一股不舍之情。张汤是执法酷吏，《通鉴》中就不记武帝说的这句话了。］

汲黯期望在朝廷"补过拾遗"，"补过拾遗"是补君主的过失，拾君主的遗漏，都是针对国君献言进谏，有所规劝。武帝对汲黯素有纳谏的美名，但此刻不同意将汲黯留在身边，此中信息十分明白，武帝已经不再想生这位直臣的气，不再想与这位大臣费口舌了，便只有把他派到远远的地方。汲黯是名声很高的贤臣，任他为地方大吏，既借重他的清望，也对朝野有了交代。

同时，朝中已有宠幸的新贵，那就是极其聪明、能力极强的张汤。我们可以想象，武帝与张汤对谈，二人思虑迅如闪电，不时激出谋略的火花，真是快意无比。回想汲黯的批评进谏，稍加思考，皆知有其道理，不应轻易忽视，但其沉闷无趣，也是让人难耐。眼前张汤、汲黯二人不和，朝中无人不知，只有一人可以留在身旁，对武帝而言，这个选择是不需多做思考的。

武帝与汲黯，君臣相与已有时日，我们屡在《通鉴》中见到，而汲黯下场如此，原因何在？汲黯去世在十年之后，这十年间，昔日来往可称密切的君臣，见过面、谈过话吗？我们在引文中见不到信息，只能想象，汲黯回朝廷述职，必蒙武帝召见，这时大概也只是行礼如仪，嘘寒问暖一番罢了，已经没有任何危言谠论，可资记载。原因是什么？汲黯依然故我，但武帝已非昔日好学明辨、注意管控情绪的年轻君主。随着功业的树立，国势的雄伟宏大，步入中年之后的武帝，谨慎的思虑逐渐褪去，自满的心情盈溢胸中，此时君主尚能顾念旧情，不计昔日顶撞，汲黯得以终老他乡，已经是君主的恩宠了。

史言"君臣之际，顾难言哉"，武帝与汲黯，这是一例，只是并非十分凄凉。

忧国奉公的儒将祭遵

祭（zhài）遵是刘秀手下的一位将领，在王莽末年削平群雄、中兴汉室的过程中，表现杰出。祭遵与刘秀麾下的其他将领，大多儒学出身，处世态度、行事格调烙有儒家的印记，与秦汉之际刘邦左右从龙之彦的粗犷朴质，风貌殊异。

这是由于汉武帝采纳公孙弘的建议，为博士官置弟子五十人，设立培养官员的太学，对于招生、课程、评量到任用，无不仔细规划，切实执行："自此以来，则公卿大夫士吏斌斌多文学之士矣。"（《史记·儒林列传》）此后，太学规模不断拓广，来学士子逐年增加。到了西汉末年，王莽主政，为太学筑舍万区，就像是为了长安的国立大学建造了容纳约万人的宿舍。可见学生人数之多，儒学研习之盛。

刘秀就是在这个时期来到长安的，学习《尚书》，成绩一般（"王莽天凤中，乃之长安，受《尚书》，略通大义。"见《后汉书·光武帝纪》）。刘秀力量不断发展，日渐强大，应与他的策略正确高明有关，为他拟定"于今之计，莫如延揽英雄，务悦民心，立高祖之业，救万民之命"方针的邓禹，就是游学长安的同学，而且交情不错。

光武帝建武九年（33），祭遵死，《通鉴》记有（白话语译于下）：

> 春，正月，颍阳侯祭遵死于军中。光武帝下诏将其部属归冯异统领。祭遵这个人，廉节俭约，谨慎小心，尽力公事，不为私计。得到赏赐全都分给士卒，但对属下要求亦严，他的部队纪律严明，从不扰民，百姓好像不知道有军队驻扎。他的官员都是从儒学士人中选取，休闲之时，讽咏诗歌，雅乐佐酒，投壶为戏。临终的时刻，问他家中之事如何处理，他一言不发。光武帝听到噩耗，非常难过，亲自穿着素服到河南迎接，看到后就禁不住哭了，哭得十分哀恸；到了洛阳，处理丧事，又忍不住了，不停地哭泣。丧礼结束，以最高级的礼品祭祀，并派遣朝中重臣办理殡葬之事。下葬的那天，光武帝亲自送到墓地，并安慰丧家。后来，在朝廷只要提到祭遵，光武帝就会说："我如何能再有像祭遵这样忧心国事、全力以赴的官员啊！（安得忧国奉公如祭征虏者乎！）"朝廷上的卫尉铫期就说："陛下心中感念祭遵的情意，十分动人，而我们大家听了更是惭愧不已，忧惧不安。（陛下至仁，哀念祭遵不已，群臣各怀惭惧。）"光武帝就不好再说了。

我们读这一段文本，印象最深的，或许是光武帝不停地哭，可见光武帝对祭遵的赏识、倚重与眷念之深；甚至公开称赞祭遵的杰出，让其他大臣感到羞愧不安。

那么，祭遵的表现就是文本所记录的那一点点吗？当然不是。我们不妨打开《后汉书》的《祭遵传》，看看还有哪些史家特意记下的事迹。

祭遵是颍川颍阳人，年少时好读经书。家里相当富裕，但他态度谦和，生活俭朴，总是穿着旧衣裳。母亲过世，他负土成坟。郡中小吏欺负他，他找朋友把这个小吏杀了。起初，大家以为祭遵很柔弱，这件事才让大家知道他一点儿都不柔弱，也都怕了他。

这段记载，我们看到三个重点，一、少好经书。二、家中富裕，但态度恭顺，生活俭朴。何以如此？应该与"少好经书"有关，也就是读了经书，懂了节俭的道理，就身体力行，总是穿着旧衣。三、不受郡中小吏欺负，结客杀人，这是他刚强的一面，如同事亲孝顺，负土成坟，都是得自熟读的儒家典籍。

光武帝军过颍阳，祭遵时任县吏，数次进见，光武帝看到此人相貌仪态都好，很喜欢他（爱其容仪），就任他官职，随军出征，派他掌管军中法令。光武帝家中一小儿犯法，祭遵依军令将其处死，光武帝大怒，命令把祭遵抓起来。光武帝的主簿，就对光武帝说："您常常说军队纪律很重要，一定要严加整饬，今天祭遵处死了不守法的人，正是他的职责所在，是执行您的命令啊！"光武帝就赦了祭遵，还对其他人说："大家要小心祭遵这个人，我家中小儿犯法他都敢杀，你们犯法就更不会容忍了！"

我们从这段中看到了祭遵的相貌出众，是一个英俊的人物。更重要的是，他执法公正不阿，既然担任掌理法令的官职，就依法行事，不畏强御，也是他刚强一面的显示。我们也看到了光武帝刘秀固然有其情绪，但也是可以诉之以理，能够接纳他人的谏言，调整自己的态度。

本传又记：建武二年，拜祭遵为征虏将军，封颍阳侯。祭遵与其他将领进攻今天山西、河南交界附近地区的盗贼，被弩射中嘴巴，血流满面，将士看到主帅受伤，就不再进击，准备后撤，祭遵大呼不可，传令进攻，将士受到激励，无不奋勇作战，取得大胜。这段记载说明了《论语》所记的"仁者必有勇"，读圣贤书，不能只重个人的修为，也要有处事的能力，以及临危不乱、指挥若定的气概。

建武六年，祭遵与耿弇（yǎn）等人率大军来到长安，打算联合天水隗嚣进攻四川公孙述。隗嚣不愿见到汉军入境，一再推拖，加以阻挠。光武帝召开会议讨论情势，诸将都认为可以缓一下，只有祭遵反对，他认为隗嚣绝不可信，不宜迁延，应该立刻攻向四川。光武帝同意，派祭遵为前锋，遭隗嚣阻止。祭遵将之击破，然而其他诸军为隗嚣军所败，只有退回。一再打败隗嚣的只有祭遵。

建武八年，祭遵随光武帝大军进攻隗嚣，打了胜仗，光武帝来到祭遵营帐,慰劳将士,这时祭遵有病在身,光武帝慰问赏赐。公孙述救援隗嚣,耿弇、吴汉等撤兵退去,只有祭遵留下不退。建武九年,祭遵病卒。耿弇、吴汉都是光武手下名声最高的将军,临阵却不如祭遵英勇。

祭遵本传最后有一大段文字,首先记曰:"为人廉约小心,克己奉公,赏赐辄尽与士卒。"这段话《通鉴》有所选录,接下来"家无私财,身衣韦绔,布被,夫人裳不加缘,帝以是重焉",未见摘入,虽然是无关紧要的细节,却更能说明祭遵崇尚俭约的家风,时人十分敬重。

接着,讲述祭遵死后光武帝的哀悼,亦录于《通鉴》。《后汉书》有一大段博士范升的上疏,文长约五百字,白话语译于下:

　　我听说,先王的政事,尊重好的、美的,排除坏的、丑的。过去了不起的高祖皇帝,见识很远,想得很深,对于建国有功的,或是封予官爵,或是给予土地,而且加以记载,表彰褒扬。在世的,给予特别的礼数,提及名字,进入殿堂都有所礼敬。去世的,则封给土地,世代承袭;而且还有丹书铁券,传之无穷。这就是大汉待人宽厚、安定百姓、享国长久的美德。所以,积累十几代,经历二百年,虽遭篡废,得以复兴,国祚已绝,还能接续,原因在此。陛下以至德承受天命,规复汉朝传统,褒扬赏赐功臣,如同祖宗所为。征虏将军颍阳侯祭遵,不幸早薨。陛下感伤，发自内心深处，远到河南迎丧，见到丧车，哀恸之情，群臣亲见。丧事经费，皆出自朝廷，赐给其妻，甚为丰厚。处理丧事，同时善待生者，礼遇死者，不忘兼及遗族；矫正风俗，励行教化，如日月之崇高。古代大臣生病，君主探视，大臣逝世，君主吊唁，这是君主德行的展示，这种强调德行的礼制，久已为人抛弃淡忘。到了陛下即位，才得以复兴，群臣目睹，感动不已，也对自己有所惕厉。我知道祭遵行为端正，善行感人，一心一意报效国家；北至渔阳，西抵陇上、四川，率军作战，功绩彪炳。其他将军都知难而退，只有他坚守不移。他带兵带心，强调纪律，驻扎各地，从不扰民，官员百姓不知道本地驻有军队。清高的名声，无人不知；廉洁的作风，无人不晓。他得到的赏赐，全部分予属下将士。身穿普通衣服，家无储蓄财产。他的亲哥哥，怜他无子，要为他娶一妾，祭遵派人告知不受，理由是负有国家重任，不再考虑有无子嗣之事。临死告诫以牛车棺木，简单葬在洛阳即可。问他家中事，他闭口不言。就像孔子所说："仁以为己任，不亦重乎？死而后已，不亦远乎？"祭遵为将军，都依儒术选取人才。饮酒投壶，必有雅乐。又为孔子立后，奏请置五经大夫。虽然在军中，不忘礼仪，可以说是雅好礼制风仪，耽悦乐声悠扬；为了人世道理，必然全力以赴。礼制，生时有官爵，死后有谥号。爵可以分别尊卑，可以褒贬善恶，我以为祭遵已薨，正应该详细评定其功业贡献，按照谥法，完成典礼。既可见朝廷尊用古法，又可为后代立下礼制。"光武帝把范升的奏疏公布，让公卿有所知悉。

我们读《后汉书·祭遵传》的这篇上疏，要问三个问题。第一，范升此篇疏奏的要旨为何？第二，《后汉书》撰者范晔大幅选录，其故安在？第三，我们从这篇文字中看到了什么？

范升显然是见到光武帝哀悼祭遵，情不自禁，一再哭泣而感动不已。范升从帝王对属下的哀念深情，想到应在礼制上有所呈现，继而再针对这样的礼制，究其意义，有所发挥。礼制的作用，对君臣而言，形塑其信念，规范其行为，铸成深入人心的美德，可以成为享国久远的保证。

然而，范升举西汉为例，我们或许有些疑惑。刘邦封开国功臣为诸侯，不久即予诛灭，立同姓诸侯取代，七国之乱，三月即平。我们对西汉初年的认识似乎与范升所说并不一致。千万不要以为范升的历史知识不如我们，我们要想，范升的意见，总要举史例说明，汉初最为适合，所以，举出刘邦初定天下时的安排，说明其意义，至于其后的发展演变，那就是以后的事了。

范晔在许多家《后汉书》的基础上，撰成了今天四史中的《后汉书》，范升这篇上疏，或许以前史家已有所选录。我们知道，范晔对于自己的学问与才智极有信心，自认此书足以超越班固，媲美太史公而无愧。我们可以想象，范晔读到此篇，必然动容，也是光武帝哀恸的泪水让他感动。再者，范升此疏，说了一些关于礼制的议论，很精简，也很重要，其他臣僚上疏很少述及，也有一定的价值。范升不只论述君主应当礼敬功臣，并加以制度化，而且对祭遵做了较为全面的记述，用一些细节呈现出这位人物的特点，例如"所在吏人，不知有军""身无奇衣，家无私财""同产兄午以遵无子，娶妾送之，遵乃使人逆而不受""临死……问以家事，终无所言""取士皆用儒术，对酒设乐，必雅歌投壶"等，与其他将领相较，最能展现儒学之精神，儒士之风范。范升此疏，既对祭遵有了全面叙述，也做了高度评价，史家也就不需另写论赞了。

我们在这篇奏疏中看到了什么？内容方面，上文所述范升之所重视，范晔之所选录，已经十分清楚，毋庸再言。可以一谈的，唯有《通鉴》撰者司马光与范祖禹如何看待这篇文字。我们在《通鉴》的记述中见到，祭遵其人的特点，首言"廉约小心，克己奉公，赏赐尽与士卒"，取自本传，不是范升奏疏。但接着"所在吏人，不知有军""取士皆用儒术，对酒设乐，必雅歌投壶""临终……问以家事，终无所言"，皆取自范升奏疏。我们可以说，《通鉴》着重在于：克己奉公，即忠于职守，摒除私念，生活节俭，廉德可风。吏民不知有军，是战乱之时眷顾百姓，可谓治事严谨，而且展现仁心；而设乐投壶，则是在日常用行之中，践履儒术。这些观点在《通鉴》中时时出现，史家所强调者，无非是肯定并表扬人物的道德实践，可以作为后世人们学习仿效的典范，进而期盼道德的观念与行为在历史发展与文化传承中绵延不绝。

黄沙遮不住英雄血泪——记东汉名将耿恭

　　记得小学的音乐课唱过一首歌，歌词是唐代诗人李颀的《古从军行》："白日登山望烽火，黄昏饮马傍交河。行人刁斗风沙暗，公主琵琶幽怨多。野营万里无城郭，雨雪纷纷连大漠。胡雁哀鸣夜夜飞，胡儿眼泪双双落。闻道玉门犹被遮，应将性命逐轻车。年年战骨埋荒外，空见蒲桃入汉家。"父亲说他也会唱，小时候学的，看来这首歌晚清时已流传于华北一带。

　　《古从军行》诗中描绘的是汉代西域风貌，大漠之中遍洒胡儿泪，亦不乏汉军将士的血泪。就是多年之后，有人坐在书斋展开书卷，读着读着，流下眼泪。他是什么人？当然就是执笔撰述这些事情的史家。

　　耿恭是东汉开国名臣耿弇的侄子。光武帝刘秀创业开国过程中，耿弇的重要建议及其个人在战场上的卓越表现，均发挥了关键的作用。耿恭与堂兄耿秉都是以军事才华效力朝廷，勋业彪炳。

汉明帝永平十七年（74），耿恭随军出击车师，同行的还有窦固与耿秉。车师降，于其地设西域都护，命耿恭与关宠为戊己校尉，耿恭屯车师后王部金蒲城，关宠屯前王部柳中城，各置数百人。耿恭到了金蒲城，与乌孙联络，展示大汉威德，乌孙君臣期盼与汉朝结好，派人献上名马，还有西汉汉宣帝公主和亲时所赐的博具，愿意派遣王子入侍汉朝，耿恭也派人送上金帛，迎接乌孙王子。

次年，北匈奴单于派两万骑兵进攻车师，耿恭派遣救援的将士只有三百人，两方相遇，汉军覆没。匈奴杀车师后王安得，进攻金蒲城。耿恭据城搏斗，把毒药涂在箭头上，对匈奴人说，汉家神箭，中箭者必然与平常不同。匈奴人中箭处，起泡如沸水，大感惊恐。此时风狂雨骤，汉军奋勇出击，匈奴不敌，都说"汉军如有神助，真的很可怕"。匈奴大军以压倒性的人数占尽优势，耿恭如何应敌？先是利用游牧民族敬畏鬼神的心理，故弄玄虚，使匈奴人以为汉人得到神助，不敢恋战；继之利用气候上的突然变化，乘暴风雨进攻，匈奴人摸不清汉军实力，只有解围撤兵。耿恭除了运用智谋之外，也可说运气不错，方能击退强敌。

运气不可恃，必须加强防守，以备匈奴的再度进攻。耿恭自金蒲城移至城外有涧水流经的疏勒。我们读到疏勒，就会想起西域的疏勒国，也是东汉班超威服西域之时的驻守之地。我们看历史地图，汉之疏勒国，在今之喀什，也是中国国境最西大城的附近之地。《通鉴》的注者胡三省告诉我们，耿恭移防的疏勒不是疏勒国所在地，而是在车师的后部，理由是疏勒国距离西域长史府五千里，与耿恭事迹相去极远；车师后部距离长史府仅五百里，与耿恭的活动及其后发生的事情，得以联系起来，即是证据。

八月，匈奴再次来攻，断绝了城外的涧水。耿恭挖井，深至十五丈，犹不能得水。吏士渴乏只得榨马粪汁来喝。

《通鉴》记，耿恭亲自参加掘井工作，带领士卒把一笼笼的土挖出倾倒，没有多久，水泉涌出，众人皆呼万岁。

《后汉书》记，耿恭见掘入十五丈尚未见水，仰天长叹，说："听说武帝时，李广利征大宛，无水可饮，拔佩刀刺山，水泉涌出。今日汉朝仍然应该受到上天恩宠。"就整肃仪容，向井再拜，为吏士请求上天的庇佑。没多久，水泉涌出，众人皆呼万岁。

两书接着都写道：耿恭让吏士把水一桶桶泼洒至城下，让匈奴人看，我们有水，有很多的水。匈奴以为又是神明帮助汉人，就撤围回去了。

《通鉴》与《后汉书》记载掘井得水的差异，即撰史者取材角度的不同。我们可以看出，宋人理性清明，不取神奇故事；范晔表述显示至诚可以感动天地。

这时，焉耆（yān qí）与龟兹（qiū cí）联手进攻，西域都护陈睦战死；北匈奴又进围柳中城的关宠。紧急时刻，救援不至，却传来明帝驾崩的噩耗。车师再叛，与匈奴联军进攻耿恭，被耿恭率军力战击退。由于车师后王的夫人是汉人后代，告知耿恭许多情报，又提供一些粮饷，是耿恭唯有的资源。几个月后，粮尽援绝，只有将装备武器中的牛皮、牛筋加以煮食。在这样极其艰困的境况下，耿恭与手下矢志守城，绝不投降。但将士无食，死亡接踵，生存者仅几十人。单于知道耿恭困乏已极，一定要让耿恭投降，派使者招降，开出优渥条件，封白屋王，嫁以女子。耿恭把使者诱至城上，亲手杀了，点火焚烧。匈奴人见了，大哭而去。单于更是大怒，加派兵力，仍未能攻下。

古人常说，两国交兵不斩来使，耿恭的做法是否太过粗暴？我们想想耿恭的处境，他既然矢志坚守，牺牲生命也在所不惜，为了显示绝不投降的决心，这么做也是可以理解的。

章帝继位，朝廷商讨关宠求救应该如何处理。大臣第五伦认为不宜救援，另一大臣鲍昱认为应该救援。明帝作风积极进取；章帝即位，朝臣都认为应予调整，改为保守退让，予民休息，第五伦即其代表。鲍昱则说："今天前线将士在艰难的环境中，浴血苦战，朝廷却舍弃不理，既让蛮夷得以逞暴，又使吏士含恨而死。如果以后不再有类似的边境纷争，不再有战事发生，这么做还说得过去。如果匈奴再度侵扰入寇，陛下将如何激励将士为国效命？再说，柳中、疏勒二城守兵不过各数十人，匈奴围攻几十天还是攻不下来，足见匈奴武力十分有限。我们可以命令敦煌、酒泉太守各派将领率精锐骑兵两千，多些旗帜，张大声势立即出动，克期到达，解救两城的危难。匈奴久战于外，兵疲马困，难以阻挡，四十日内，大军必可凯旋。"章帝同意鲍昱的建议。

章帝即位之初，大臣多主张舍弃明帝严切作风，施政以宽厚为先；章帝个性温和，皆予同意。王夫之在《读通鉴论》中，批评章帝不守三年无改于父道的古训，急于改弦更张，以致弊端百出，提出"东汉之衰自章帝始"的看法。

　　那么，派兵救援，明显违背朝廷当时气氛，章帝为什么同意鲍昱的主张？主要在于鲍昱的看法合情合理，既分析了不救援的严重后果，也指出了实际情况未至绝望，更是提出了具体可行的做法，以及可以预期的成果。辞语不多，清楚深刻，他人难以辩驳，也就为章帝所采纳。

　　朝廷派耿秉屯驻酒泉，派遣将领发张掖、酒泉、敦煌三郡及鄯善兵七千人，会于柳中，进击车师，再攻交河城。此役汉军战果辉煌，斩首三千八百，俘获三千，获骆驼、驴、马、牛、羊三万七千头。北匈奴退走，车师再降。

　　这时，关宠已死，汉军即将撤回。耿恭军吏范羌受命领取兵士的冬天军服，刚好在敦煌，也就随军行动。范羌看到大军将返，一再请求前往疏勒救援耿恭。将领们心中畏惧，都不答应，耐不住范羌苦苦哀求，只得分兵两千，让范羌带领前往。范羌等人冒着恶劣的气候，踏着丈余的大雪，终于到了疏勒。城中人听到兵马之声，以为匈奴又来进攻，大为惊恐。范羌大呼：我是范羌，我带汉军来迎接耿校尉。城中人高呼"万岁"，开门，相见时大家都相拥而泣。第二天，耿恭等随军撤回。北匈奴尾随而至，汉军且战且走。疏勒城中的士卒长期饥饿，软弱无力，离开时二十六人，沿途不少人死去，到达玉门关时仅余十三人。

我们读到这里，可以想想，汉军不是打了胜仗掳获甚丰吗？为什么不敢乘胜追击，前往疏勒？大概是在他们心中，认为北匈奴仍然是十分可怕的敌人，既然战果不错，不如见好就收。再想想，这些将领不敢向前进发，范羌何以能够到达疏勒城下？气候恶劣，雪深丈余，前进困难，但也限制了北匈奴的行动。两千士卒，受到范羌心志的感动，全力支援，虽然饱尝艰辛，但是最终完成了使命。

到达玉门关的十三人，衣服鞋子破破烂烂，脸上不见丝毫血色，活像枯干木头。驻守玉门关的中郎将郑众，亲自为这十三人准备沐浴，更换衣履。我们可以想象一下，郑众第一眼见到这十三位坚守疏勒的英雄时，心中受到怎样的震撼。我们也可以在他上疏朝廷的文字中，多少窥见："耿恭以单薄兵力，坚守孤城。匈奴数万人马一再进攻，几个月的时间，艰苦抵御，心志与实力都已消磨殆尽。费力在山上凿出深井，吃着从武器装备中觅出的食物，他们都知道，这样下去只有死掉，完全没有活下来的希望。他们击退来犯的敌人，杀死杀伤成百上千的敌人；既忠于职守，也展示大勇，不让国家蒙受羞耻。耿恭表现出来的志节与忠义，可以说古今没人比得上。应该赐予最高的荣宠，作为典范，以激励将帅。"

耿恭以单兵固守孤城，当匈奴之冲，对数万之众，连月逾年，心力困尽。凿山为井，煮弩为粮。出于万死无一生之望。前后杀伤丑虏数千百计，卒全忠勇，不为大汉耻。恭之节义，古今未有。宜蒙显爵，以厉将帅。

史书所录文字不长，但已深深透露郑众见到耿恭等十三人之时极其感动的心情，也就用极有分量的文字加以表述。

这段文字中，我觉得"出于万死无一生之望"，较之"恭之节义，古今未有"，更有力量，更能显示郑众对耿恭作为的深刻体会。

一行人回到洛阳，鲍昱上奏，认为耿恭的志节过于苏武，应予爵赏。于是，朝廷对耿恭及其他十二人均予官职赐赏。耿恭母亲先卒，拜官赐赏之外，令夺情不需守丧。

第二年，西羌反叛，耿恭上疏表达处理意见，朝廷命他率三千士卒，担任马防的副将，进讨西羌。耿恭数次与西羌接战。一年后，烧当羌投降，马防回京师。耿恭留下追击未降羌人，又俘获千余人，牛羊四万余头，羌人投降的有十三万人之多。

耿恭出师之时，向朝廷建议派窦固镇抚凉州，马防驻军后方，作为支援。理由是，昔日窦融在西州很得羌胡的尊敬与信赖，窦固是他的侄子；前次出击白山，他表现最佳，是镇抚凉州的最佳人选。这个建议让马防十分不爽，大为生气；因为马家与窦家是对立的两个外戚家族。马家的靠山是明帝皇后马援的女儿，是当时的皇太后；窦家后台则是章帝的皇后，窦融的曾孙女。这时，马家势盛，推荐窦家人才，明显不识时务，必然遭到马家的打压。马防回到朝廷，叫下属上奏耿恭的罪状，说他不担心军事，接到皇上诏令，讲了些批评的牢骚话。因此，耿恭返回即下狱受审，免去官爵，斥回家乡，也就死于家中。

耿恭不知道推荐窦固会招致马家不悦，遭到严厉打击吗？出身官宦之家的他，不可能不知悉朝廷政情。但他为什么要推荐窦固呢？显然是认为窦固的才能不是马防所及。

我们看看《后汉书》如何记载窦固与马防的。先看窦固：窦固读了很多书，喜欢兵法，出身权贵，年轻即任要职。

> 好览书传，喜兵法，贵显用事。

明帝永平十五年、十六年出塞击胡羌，兵分多路，名将如云，唯窦固有功。《后汉书·窦固传》的总结有云："窦固久任要职，地位既高，备受尊崇，俸禄赏赐，财产累积，数目惊人，但个性谦和节俭，经常周济鳏寡，照顾贫弱，很得人们的称赞。"

> 久历大位，甚见尊贵，赏赐租禄，赀累巨亿；而性谦俭，爱人好施，士以此称之。

范晔写的《赞》是"孟孙（窦固）明边，伐北开西"，是记其功。

我们再看看马防。马防最为尊贵得宠，他与九卿不相来往。明帝病重时，他侍奉汤药，又以平定西羌建功。《后汉书·马防传》中着墨较多的一段是："马防兄弟地位高，权势重，奴婢各千人以上，资产极多，买的都是京师的良田美地，又在最好地段大建连栋豪宅，还供养了一些歌者乐手，作曲演奏的水平比得上国家礼仪的音乐。家中的食客来自各方，京城的文人雅士好几百人经常出入他的豪宅。地方长官，刺史、太守、县令，很多都由他家保荐。每年赈济乡里，族人故旧皆有份。马防又多养马匹、骆驼等，而且剥削羌胡。章帝知道后，很不高兴，好几次下诏谴责，敕令不准，于是权势不再，食客也就逐渐星散。"

防兄弟贵盛，奴婢各千人已上，资产巨亿，皆买京师膏腴美田，又大起第观，连阁临道，弥亘街路，多聚声乐，曲度比诸郊庙。宾客奔凑，四方毕至，京兆杜笃之徒数百人，常为食客，居门下。刺史、守、令多出其家。岁时赈给乡间，故人莫不周洽。防又多牧马畜，赋敛羌胡。帝不喜之，数加谴敕，所以禁遏甚备，由是权势稍损，宾客亦衰。

范晔写的《赞》只有四字"防遂骄陵"，是说其过。

耿恭一心为国，他的选择是推荐人才，还是依附权势？他心意已定，也就无所犹豫。他知不知道后果？不可能不知道。但在此时，可以做不同的选择吗？当然不可，这就是做人做事必须依循的道理。

范晔为耿恭写了一条"论曰"："我过去读《苏武传》，见到他北海牧羊，茹毛饮血，不让大汉蒙羞，敬佩不已。后来读了耿恭在疏勒的事迹，不知不觉就流下了眼泪。啊！一个人做自己该做的事，重于自己的生命，居然到了极致的地步！过去曹刿在柯地会盟时的表现，蔺相如在秦赵渑池之会时的表现，都是一时一刻的作为，与耿恭长时间处于死难时刻不同。我以为前汉对苏武、后汉对耿恭都应该赏以高爵，庇佑子孙十世，以为奖励。但是苏武受到的恩赏不及儿子，耿恭则下了牢狱。我每读前人写道，同样一批人，同样努力，有人飞龙上天，有人如蛇在地，我都感慨不已！"

> 余初读《苏武传》，感其茹毛穷海，不为大汉羞。后览耿恭疏勒之事，喟然不觉涕之无从。嗟哉，义重于生，以至是乎！昔曹子抗质于柯盟，相如申威于河表，盖以决一旦之负，异乎百死之地也。以为二汉当疏高爵，宥十世。而苏君恩不及嗣，恭亦终填牢户。追诵龙蛇之章，以为叹息。

范晔的这篇"论曰"，值得我们细读。首先，他是用感情来读史，读到苏武的事迹，动容不已；再读到耿恭在疏勒万死一生，其艰苦卓绝犹过苏武。这时他好像见到了疏勒城中矢志坚守的耿恭，好像郑众一样在玉门关见到了疏勒的英雄们，眼泪也就夺眶而出。读史若无鲜明的画面，没有丰富的感情，是流不出眼泪的。接着做理性的思考，这样的表现，其意义何在？可以怎样加以概括？"义重于生"的极致作为，不过如此。

比起史书所见，脍炙人口的曹刿与蔺相如的作为，苏武与耿恭要艰难得多，那么国家应予怎样的奖赏呢？个人得到重赏，子孙庇佑十世，不算过分。但是，苏、耿两人得到了什么呢？苏武恩荫不及子，耿恭还有牢狱之灾，这怎么说呢？最后，也只有叹气了，只有感慨命运之捉弄人了；英雄的悲剧命运，如同君子的坎坷人生，真是不能理解，只能徒呼负负。于是，除了把笔一掷，叹一口气，又能如何呢？这就是命运啊！这就是人生啊！

陆逊心目中的刘备

一、夷陵道陆逊破敌

魏文帝黄初三年（222），刘备伐吴大军进攻夷陵，与吴军相拒。刘备使出诱敌之计，为陆逊识破，按兵不动。吴国诸将见到埋伏的八千汉军，纷纷出谷，方知陆逊思虑细密，众人不及。此时，陆逊上书孙权，告以夷陵必能固守，并且有了破敌之策，因为陆逊担心汉军水陆并进，见到刘备舍水就陆，他已拟定应付的方略，"愿至尊高枕，不以为念"，请孙权大可放心。

陆逊下令进攻，诸将不无疑惑，认为刘备初入境内，不乘其人地生疏，迎头痛击，而是在七八个月之后，汉军已固守要害，怎能取得胜利？

陆逊解释，刘备是一个经历过许多大阵仗的厉害角色，用兵之初，必然考虑周详，这时不宜撄其锋。时日已久，疲倦了，懈怠了，思虑也就松散了，打败他们正在此刻。

陆逊决定火攻，破汉军四十余营，刘备大败。

刘备登上马鞍山，吴军从四面围攻，汉军全面崩溃，战死者达万人。夜幕低垂，刘备经由驿道退至白帝城，驿人焚毁驿站，以阻断吴军。《通鉴》记曰：

> 其舟船、器械，水、步军资，一时略尽，尸骸塞江而下。汉主大惭恚曰："吾乃为陆逊所折辱，岂非天耶！"

这段话，我们要仔细"观看"一下。首先，我们能否看到汉军大败的悲惨景象；其次，我们能否进入刘备心中，看看他会想些什么。刘备知道大败，知道将士的"尸骸"塞江而下，心中的哀痛一定达到了极点。那他会想到什么呢？也许，他会想到：当年吕布初见我，对我十分尊敬，你陆逊在哪里？当年我与曹操煮酒论英雄，你陆逊在哪里？当年我在赤壁大败曹军，你陆逊在哪里？而如今，我居然被你这个后生小子所败，而且是一场彻底的大败。

面对眼前的种种凄惨情况，对英雄豪杰而言，已经不是一世英名付诸东流，而是生命不再具有任何意义。刘备说了这句极其沉痛的话，表示已到了人生的尽头。

《通鉴》对于这场战役，在记述之后，做了几点"因果"的解释，就是用"初"字带起战前的某些事情，说明何以会有如此的结果。

其中一条说到陆逊。孙权命陆逊为大都督，手下诸将，有的是曾跟从孙坚的老将，有的是公室贵戚，各自以为了不起，讨论事情互不相让，吵成一团。陆逊板起脸，手按宝剑，说："刘备是天下知名，曹操都对他十分敬畏的人物，今天他带兵入侵，真是一位很难应付的强敌。各位深受国恩，应该静下心来，贡献各自才智，共同想出办法，克敌制胜，作为报答。我虽然只是一介书生，受命担任统帅，就是因为主上以为我有一点儿处理事情的能力，可以担当这项责任，所以要诸位听从于我。我既然有此职责，就要尽力做好；我下达的军令，你们必须听从，若有违背，军法伺候。"这里陆逊提到"刘备天下知名，曹操所惮"，应是那个时代人们对刘备的共同认识，不是陆逊一个人的意见。

吕蒙攻入荆州，关羽败死，刘备为此出兵伐吴，赵云诸人力谏，刘备不听。诸葛亮何以不言？史书中只记刘备败后，诸葛亮说："如果法正还在世的话，一定可以阻止刘备；如果阻止不了，也不会败得如此之惨。"

胡三省在这句话下面，写了一条按语可知：观看孔明这句话，知道他是不同意刘备伐吴的，但是他为什么不劝谏呢？因为刘备非常生气，是劝阻不了的，而且大军顺流而下，应该可以得胜。战场情势变化多端，在于能够掌握关键，判断准确，所以说法正若在，不会大败。

我觉得关于刘备何以不听众人的劝谏，执意伐吴，曹魏大臣刘晔的说法最好。刘晔说："刘备与关羽，名义上是君臣，情分上如同父子；关羽死，刘备若不出兵报仇，总觉得没做到应该为关羽做的事。"

其时，反对伐吴的人很多，都从理性上分析，都很有理据；但刘晔从情感上立论，阐释了看事情的另一面，而且是很重要的一面。我想刘备出兵伐吴，诸葛亮不言，理由也应该在此。

刘备退至白帝城，吴将徐盛等人建议继续进攻，认为可以擒获刘备。孙权问陆逊的意见，陆逊与朱然等人表示：曹丕集合大队人马，表面上说帮我们打刘备，实际上未必安有好心，我们应该立刻回师。

胡三省接着写道："曹操不追关羽，陆逊不再攻刘备，他们的理由是一样的。各国智谋出众的人，都想得很周全，这是三国所以鼎立的原因。"（"以智遇智，三国所以鼎立欤！"）

二、白帝城刘备托孤

白帝城托孤与三顾茅庐一样，几乎是无人不知的典故。刘备病重，召诸葛亮与李严至前，对诸葛亮说："君才十倍曹丕，必能安国，终定大事。若嗣子可辅，辅之；若其不才，君可自取。"（胡注：自古托孤之主，无如照烈之明白洞达者。）亮涕泣曰："臣敢不竭股肱之力，效忠贞之节，继之以死。"

这是《通鉴》的原文。怎么解读呢？北京大学田余庆教授的说明十分精彩，我做了简要转述，既然行诸文字，就不妨摘录田氏原文：

在蜀国文武臣僚中，论潜在力量，李严一方即刘璋旧属居多数，不弱于诸葛亮一方即随刘备入蜀居于少数地位的新人。刘备倾覆刘璋，把新旧之间本来的主从关系颠倒过来了。刘备寻思万全之策以巩固新人的统治地位，绝不能让已被颠倒了的主从关系在他自己死后出现再颠倒。这就要尽可能使旧人不生异动之心，万一出现事端也要能立即加以处置。悠悠万事，唯此为大，刘备死前不可能不想到这一点。起用李严，就是适应此种需要。……诸葛亮在受遗诏辅政方面，与李严是并受，是同列，因此，李严的地位相当尊显。在保障蜀国政权不出现新旧之间的再颠倒方面，诸葛亮必须拥有特别的权力，使他能够控制李严而不被李严掣肘。所以我认为刘备作此托孤遗言，正是为了在并受遗诏的李严面前巩固诸葛亮的地位，预防旧人另有图谋。如果不测事端突然出现，连伊尹、周公都无济于事的时候，诸葛亮还可以走向前台，以应急需。[①]

我们阅读史书，与学者研究历史，其实并不是同一件事，我们不需要完全接受历史学家的解读，可以有自己的读法，也就是有自己的"选择"，选取自己认为最好的解读。

---

① 田余庆著:《秦汉魏晋史探微》，中华书局 1993 年版，第 223—224 页。

请大家想一想白帝城内，刘备身旁，是怎样的景象，体会一下，当时呈现怎样的氛围。我想，那股哀伤的、悲痛的，甚至是凄惨的云雾，笼罩在每一个人的心头。刘备面对眼前这位智谋出众，术德兼修的挚友，所倾诉的最后遗言，必然出自肺腑；而诸葛亮看到这位曾经为之指陈天下大势的英雄人物，在生命的最后一刻，对自己提出这样的请求，他的回答当然也是出自肺腑。在这样的情景下，几乎没有任何"心机"的存在空间。你或许认为刘备有其心机，他深知儿子刘禅不才，就用这番话套牢诸葛亮；因为诸葛亮总不会说"好的，让我辅助看看；真的不行，我就遵命，取而代之"。所以，诸葛亮只有辅佐刘禅，鞠躬尽瘁，死而后已了。但我觉得，我们读史书不可以如此理解。因为，我们读书，主要是为了充实自己，让我们的境界有所提升，提升到史书上贤人英雄所呈现的意境，而不是把昔日的英雄拉下，拉到如同今天庸俗人士一般的低下。如果读书，或读史书，得不到有益身心的好处，我们为什么还要读它？

刘备又对儿子说了一段话，《通鉴》原文如下：

人五十不称夭，吾年已六十有余，何所复恨？但以卿兄弟为念耳。勉之，勉之！勿以恶小而为之，勿以善小而不为！惟贤惟德，可以服人，汝父德薄，不足效也。（胡注：自汉以下，所以诏敕嗣君者，能有此言否？）汝与丞相从事，事之如父。

能够讲出这种话的人，必然是英雄人物。我们想想，像这种影响一千多年人们生活态度的话语，是不多的，讲出这种话语的人，必然不凡。

三、陆逊何以不再追击刘备

有人说，陆逊不同意追击刘备，是不是因为他心中对刘备存有敬意？依照《通鉴》和胡三省的说法，陆逊想到国家大敌仍是曹魏，必须保留蜀汉的实力，方能共同应付北方的威胁。以上疑问，很有意思，我想谈谈这句话的意义。

首先，我们看到《通鉴》中记载陆逊讲到刘备的话语，如"刘备是一个经历过许多大阵仗的厉害角色（备是猾虏，更尝事多）"，"刘备是天下知名，曹操都对他十分敬畏的人物（刘备天下知名，曹操所惮）"，可知都是合于当时情势、说者身份的话语，但未必就是陆逊心中的刘备形象。白帝城托孤，刘备虽是惨遭折辱的败军之帅，却仍不掩其英雄的本质；因此联想到，陆逊对这样一位英雄人物，仍然心存敬意，也就十分惋惜，不忍追击，应属合于情理的推测。

其次，陆逊是一位心存善念的人吗？我觉得是的。举两个例子稍做说明。

其一，诸葛亮的侄子诸葛恪，学识很渊博、反应极敏锐，年幼有神童之誉，长大更是目中无人。《通鉴》记载，陆逊曾对他说:"在我前面的、在我上面的人,我要跟随、要学习,使我能够有所提升;在我下面的、后面的人,我要引导、要提携,使他们也能有所进步。今天,看到你对上面的人不服气,对下面的人瞧不起,这样的作为不符合做人的道理。"

> 在吾前者,吾必奉之同升;在吾下者,吾必扶持之。君今气陵其上,意蔑乎下,恐非安德之基也。

我们细细体会陆逊这句意味深长的话,当可想见其人。

其二,《三国志·裴注》记载,诸葛亮听说孙权任命诸葛恪管理军粮,知道他一定做不好,哥哥诸葛瑾就会担心不已,于是写了一封信给陆逊,请陆逊向孙权求情,调动诸葛恪的职务;陆逊向孙权说了,孙权也答应了。这是一件有趣的小事,但可以看到在诸葛亮心中,陆逊是一位可以托付事情的人,也一定是一位心存善念的人。

"神入"(empathy)亦作"同理心",指设身处地,进入人物(或人们)的心中,宛如窥见其内心的活动。我们读史书,不能只拘泥于文字的表面意思,更应透过字句叙述,进入叙事者与被叙事者的心中,就像胡三省强调的"因事观心",这是认识过去世界的重要途径,更是读者想象力的具体展现。不过,历史的想象,仍需证据的支持,逻辑的推论,方能得出合乎情理的看法。

王祥的憾恨

西晋王祥，二十四孝中的孝子，卧冰求鲤。冬天母亲想吃鲤鱼，孝子王祥用体温让结冰的河面裂开，蹦出了两条鲤鱼。这是中国社会中流传的著名故事。

让我们来谈谈这位人物吧。

王祥身处魏晋之际，这个时期政治斗争十分激烈。高平陵事件，司马懿击败掌权的曹爽，权势归于司马氏手中，此后的权力斗争，真是腥风血雨，凄厉无比。钱穆《国史大纲》中提及：

乘隙而起的司马氏，暗下勾结着当时几个贵族门第再来篡窃曹氏的天下，更没有一个光明的理由可说。司马懿杀曹爽，何晏等名士同时被戮。何晏之后，夏侯玄为司马氏所忌惮，也遭杀害。何晏、夏侯玄人格自高，所存自正，只是不脱名士清玄之习，不敌司马氏父子的权谲狠诈。当时朝士虽然敬慕何晏、夏侯玄，但以家门私见，不能拥护他们的主张。至于晋室佐命功臣如贾充、王沈之流，皆代表门第，而私人道德极坏无比。

又说：

> 司马氏似乎想提倡名教，来收拾曹氏所不能收拾的人心。然而他们只能提出一"孝"字，就像司马氏"以孝治天下"，晋室开国元老如王祥等皆以大孝著名，而不能不舍弃"忠"字，依然只是为私门张目。他们全只是阴谋篡窃。阴谋不足以镇压反动，必然继之以惨毒的淫威。

高贵乡公曹髦之死，即可见其时杀夺之惨毒。《通鉴》卷七十七，魏元帝景元元年（260）记有：

皇帝（曹髦）感到毫无威权，很生气。召王沈、王经、王业来，说："司马昭想篡位的心，路上的人都知道（司马昭之心，路人所知也）。我不能等着接受被废的羞辱，今天要亲自和你们一起去讨伐。"王经说："春秋时代，鲁昭公不能忍受季氏的专擅，讨伐失败，被天下人所笑。今天大权在司马氏手中，已经有一段日子了。朝廷之中都是他们的人，都没有忠于国君的念头。再说，宫中卫士有限，力量单薄，无人可用。贸然出手，只能把情况弄得更糟，可能大祸临头，一定要再想想。"皇帝把已经写好的讨伐诏令，往地下一扔，说："决定出动！死也不怕，何况不一定死！"于是向太后禀报。王沈、王业立刻跑去通报司马昭，让王经一起去，王经不去。皇帝拔剑在手，坐上车子，带着宫中的侍卫、仆从大吼大叫地出发了。在东止车门遇上了司马昭的弟弟司马伷，皇帝左右大喊：皇帝来了！司马伷手下纷纷跑走。贾充从外边进来，带着人与皇帝打了起来，皇帝自己挥剑，贾充手下只有退避。这时，太子舍人成济问贾充该怎么办，贾充说："司马公养你们正是为了今天，你应该知道该怎么办！"成济听了这话，抽戈上前刺向皇帝，把皇帝刺死（胡注：这时只有二十岁）。司马昭听到皇帝死了，大吃一惊，摔倒在地。太傅司马孚（司马懿之弟）跑了过去，把死了的皇帝抱在腿上，哭着说："把陛下杀死，是我的罪啊！"

太后下令，将高贵乡公（曹髦）废为庶人，以民礼埋葬。王经及其家属遭拘捕法办，王经向母亲谢罪，母亲面色从容，笑着说："人都会死，只怕死得不明不白，今天因为你忠于所事而死，是没有任何憾恨的！"王经受刑，过去在他手下做过事的向雄大哭，东市的人都感到哀伤。王沈以功封安平侯。司马孚上书，请以王礼安葬高贵乡公，太后同意了。

朝廷为高贵乡公举哀，有一位老臣大哭，说："我没脸见人啊（老臣无状）！"泪涕交流，其他大臣都面有愧色。这位老臣就是王祥，这个镜头见于《晋书·王祥传》，《通鉴》未录。

我们读《通鉴》的这两段记载，首先读到了今天仍然在用的一句话："司马昭之心，路人皆知！"可以想象年轻皇帝饱受权臣挟制，已到了忍无可忍的地步，他当然知道贸然行事最有可能的下场，但豁出去了，不能再忍了。王沈、王业和王经的反应也是早已成竹在胸，绝非临时起意。王沈、王业投向司马氏，王经则忠于曹氏。王经当然知道这个决定最有可能的下场，但他心意已定，择善固执。司马伷的手下，以及成济，面对手持宝剑挥舞不已的皇帝，必然不知所措，但贾充则早有准备，立即下令，尽管有了千古骂名，却为司马氏立下大功。

问题是，司马昭听到皇帝死了，何以大吃一惊，摔倒在地？司马昭想到什么？是过于血腥残暴，还是有了弑君恶名？是需要虚情假意，还是坏了我的大事？如果您想是坏了大事，那么大事指何而言？当然就是模拟尧舜禅让的那番仪式了。

《通鉴》的另一段，取材于《世说新语·贤媛第十九》：

王经少年家贫，入仕为官，做到二千石的高官，他母亲对他说："你出身贫寒，已做到二千石，够了，不要再求升迁。"王经不听，做到了尚书，忠于曹氏，不忠于司马氏。因高贵乡公事被捕，王经哭着对母亲说："不听母亲言，以致有今天。"母亲没有悲戚，对他说："做儿子要孝，做臣子要忠，有孝有忠，你没有对不起我！"

《通鉴》记母亲笑着说的一段，取自《世说新语》刘孝标注所引《汉晋春秋》。《通鉴》自《世说新语》取材，主要在于强调忠与孝是一个人立身处世的根本，这个道理，贤明妇孺也是有所知晓。

王祥在《通鉴》的出场，见于卷七十七，高贵乡公甘露元年（256），记曰：王祥性至孝，继母朱氏对他很不好，但王祥更是恭谨。朱氏生了一个儿子王览，每次见到哥哥被母亲打就抱住母亲。每次母亲要王祥做不合理的事，王览就跟着一起去。王祥娶妻，朱氏虐待她做这做那，王览的妻子也一起做，朱氏就稍为节制。王祥名声很高，朱氏不高兴，偷偷在酒中下毒，王览知道了，拿起来就要喝，母亲只有叫他放下。此后，母亲给王祥什么食物，王览都先尝。母亲怕害到王览，就不再下毒手了。汉末大乱，王祥隐居三十年（清代钱大昕《二十二史考异》：应是二十年），不听州郡的辟召，不入仕为官，直到母亲去世，守丧完了，才应徐州刺史吕虔的征召，出任别驾。王祥把州事做得很好，平定地方盗贼，注重教育风俗，人们歌颂他："海沂之康，实赖王祥，邦国不空，别驾之功。"

《通鉴》的这段叙述，取自《晋书·王祥传》，王览的事附于后。被陈寅恪誉为建立"民族得以独立，文化得以续延"伟大功业的东晋名臣王导，即王览之孙。

魏元帝咸熙二年（265），司马炎由晋公进为晋王。太尉王祥、司徒何曾、司空荀颛（yǐ）一起去见晋王。荀颛说："相王地位尊崇，我们应该用王礼去拜见，不要犹豫。"王祥说："相国地位虽然尊贵，仍是魏国宰相，我们都是魏的三公，三公与宰相只差一阶，哪有天子三公可以向别人用王礼拜见！这样做，有损魏国威望，也有亏晋王名德，君子爱人，应依循礼法，我不会这么做。"到了晋王前面，荀颛拜见，王祥长揖而已。晋王对王祥说："今天我知道了为什么大家都很推崇你啊！"（《通鉴》卷七十八）

王祥为什么不拜晋王？我们不妨想一想，是什么事情让王祥做此决定？我想，王经的作为，王母的笑语，向雄的恸哭，都该留给他极为深刻的印象，无时或忘，常在心中。

王祥死于晋武帝泰始四年（268），享年八十有五。《通鉴》记：他的族孙王戎说："玄风大畅的正始之时，他不算是擅长言说的人，然而听他言谈，道理清晰，意境悠远，相当不错，只是他这方面的表现被德行的卓越掩盖了啊！"（太保当正始之世，不在能言之流，及间与之言，理致清远，岂非以德掩其言乎！）

胡三省写了一条较长的注："正始年间，最能玄谈的，就是何晏这些人。魏衰晋兴，对于治道有什么帮助吗？王祥之所以值得推崇，是对后母尽孝，见了晋王不拜，但史家还是说他担当柱石重任，却不能保住栋梁，不使倾圮。道理清晰，意境悠远，这是言谈，还是德行呢？清谈造成的灾祸，直到西晋末年，流传到东晋，还没有止息。"

> 正始所谓能言者，何平叔（何晏）数人也。魏转而为晋，何益于世哉！王祥所以可尚者，孝于后母与不拜晋王耳，君子犹谓其任人柱石而倾人栋梁也。理致清远，言乎？德乎？清谈之祸，迄乎永嘉，流及江左，犹未已也。

胡三省的话，有几个重点。首先，他对清谈的批判态度，在他眼中，清谈误国，致使西晋动乱不已，流风所至，东晋亦遭波及，不能止息。这是他基于儒学批评老庄的一贯立场。其次，他指出王祥是对后母尽孝，非但不是本于生育之恩，甚至即使毫无亲情可言，只要名分上的母亲，即应竭尽孝顺的人子之道，这是把"孝"的概念与精神，施展到了极致。那么，"忠"呢？不拜晋王，只是皮毛的表现，只是一个不会损及自身利益的姿态而已。

接着，胡三省提出严厉的批评：你是魏的三公高官，你是魏的朝廷柱石，眼睁睁看着魏朝的倾塌，你一无所为，于心何忍？这时胡三省或许想到，高平陵事件之后，司马氏掌控朝政，对于有心护卫曹氏的大臣，如：夏侯玄、李丰、毌（guàn）丘俭等，处以夷三族的极刑，这时的王祥，只是明哲保身，就忠于所事的观点来说，是大节有亏啊！

《晋书·王祥传》最后记了王祥临终训令子孙的遗言，《通鉴》未录。摘其大意于下：我生在盛世末年，做了一些官，没什么功勋，死无以报。我死后，一切从简，无须沐浴，穿着平时旧衣入殓，所赐玉佩玉玦等，都不可入棺，也不要起坟；墓穴大小只需容棺，不要任何摆设饰品，家里只要菜一盘，酒一杯，早晚奠祭，大家不要送丧。切记！丧事进行、饮食规定，依循礼制，简单即可。说了什么，必须做到，这是信；不接受别人夸奖，接受别人批评，这是德；名声很好，双亲有光彩，这是孝；兄弟和睦相处，宗族很兴旺，这是悌；面对钱财，最好是舍让，这是谦。这五项是立身的根本。

> 夫言行可覆，信之至也；推美引过，德之至也；扬名显亲，孝之至也；兄弟怡怡，宗族欣欣，悌之至也；临财

莫过乎让。此五者，立身之本。

王祥是朝廷最高层的官员，当时又是门阀贵族兴盛的时代，王祥官崇寿嵩，大可以享有一场风风光光的葬礼，他却嘱咐一切从简，而且是不近人情地简朴。他立此遗训，心中想到什么？我们不妨略加揣测。他临终之时，反省自己一生所作所为，是了无憾恨，还是略有憾恨，抑或是憾恨以终？我们从他的遗言中，处处感到他内心的惭愧与不安，必然是深感憾恨。憾恨什么？应该是大节有亏，也是他训令子孙的立身之本，未曾提及的"忠"，这是封建时代的首要德目。

王祥是著名的孝子，以大孝名扬天下，忠于朝廷，忠为所事，显然不足，致使对子孙训令的立身之本，亦无颜提及此一"忠"字。其内心之悔恨，可以想见。

刘弘眼中的陶侃——匹夫、大丈夫、君子

西晋末年，天下动荡，中原地区宗室内斗炽烈，加上胡人起事，必然狼烟处处，灾难重重，就是荆襄、江东也不得安宁。地方势力、盗贼小寇借机蠢动，尽管不能成事，平民百姓饱受威胁骚扰，惶恐终日。

刘弘任荆州刺史，政绩卓著，《晋书》的"史臣曰"说道，刘弘治理下的荆州，就像是沸腾大海之中平静安详的一州；就像满天病毒之时，健康安全的百城。（一州清晏，恬波于沸海之中；百城安堵，静寝于稽天之际。）我们还可以看到，《晋书》卷六十六，刘弘与陶侃合传，"史臣曰"之后的"赞曰"，只赞刘弘一人，褒美有加；对于陶侃则过于吝惜，未赞一词。

我们都知道陶侃，他在广州搬砖，每天上午将一百块砖搬出屋外，黄昏再搬回来。别人问他为什么，他说：我想致力于恢复中原的大业，每天过得太安逸，恐怕将来办不了事。这是鼓励大家平时多锻炼，以备用时身体好的故事。当然，陶侃

还有了不起的功业，如平定苏峻之乱等。陶侃过世，尚书梅陶对友人曹识说："陶侃的见识高明，判断精确如同曹操；忠于职守，勤奋努力，很像诸葛亮。（陶公机神明鉴似魏武，忠顺勤劳似孔明。）"把陶侃比作曹操、诸葛亮，意思是陶侃也可视为第一流人物。刘弘呢？一般历史书大都提不到他，即使读《通鉴》，也只是惊鸿一瞥，如果能留下鲜明印象，也只是因为他是陶侃的长官，因为我们都知道陶公，也就看到了这位赏识陶侃的人物。其实，刘弘很值得我们认识，让我们翻到《通鉴》中刘弘与陶侃来往的几段记载吧。

晋惠帝太安二年（303），义阳蛮张昌起事，控有荆州的新野王司马歆应付无方，为张昌所杀。诏令刘弘代司马歆为镇南将军，都督荆州诸军事。刘弘派陶侃进据襄阳，张昌一连串胜利之后，进攻襄阳，不克；但已占有荆州、江州等五州之地。张昌更换地方长官，用的都是些土匪头目，只会干些打家劫舍的勾当（皆桀盗小人，专以劫掠为务）。

刘弘派陶侃讨伐张昌，数次鏖战，陶侃大破张昌，斩首数万，张昌逃走，余众投降。平定张昌，陶侃不仅立有大功，而且声名鹊起。刘弘就对陶侃说："过去我担任羊祜（hù）的参军，羊祜很赏识我，对我说，他的这个位置，将来我可以做到。今天我看你的表现，我的这个位置，你一定可以做到。"我们知道，晋初的羊祜，是一位德才兼备、受人敬重的人物。唐孟浩然有诗句："羊公碑尚在，读罢泪沾襟。"读罢泪下沾襟，感动之处，非其功业，更非其学识，而是其人之才与德。羊祜赏识刘弘，相信羊祜眼中的刘弘必也德才兼备。

晋惠帝永兴二年（305），天下已大乱，刘弘负责都督江、汉一带，他以服侍朝廷天子为职责，南方地区都听命于他。事情做得好，他就说："这是某人的功劳。"事情做得不好，甚至失败，则说："这是老夫的罪过。"每次劳师动众，调拨财赋，他写给地方长官的指令，密密麻麻，叮咛再三；接到指令的人很感动，无不尽力去做，大家都说："得到刘公手写的指令，胜过升到更高的官（得刘公一纸书，贤于十部从事）。"

在罗尚手下做过广汉太守的辛冉，劝刘弘可以割据一方（说弘以纵横之事），他很生气，把辛冉处死。胡三省读到这里，写下："冉以事尚者事弘，犹将不免于诛，况以纵横说之邪！史言刘弘忠纯。"胡三省以"忠纯"两字表达对刘弘的认识，不只态度，还有作为，也就是德行与能力兼备。

这时陈敏控有江东，他知道，非找江东名士来帮忙不可，但除了顾荣等少数，大都不理这个出身不高，能力一般，只是机缘凑巧控有一方的小人物。陈敏的弟弟劝他杀尽这些看不起人的名士，顾荣对陈敏说了一番违心之论，奉承他是孙权、刘备之流的英雄人物，足可掌控一方，但必须得到"君子"的辅佐，方能成功，所以，应该捐弃嫌隙，宽宏对待。于是，陈敏就不杀这些看不起他的名士。但他自大了起来，自称都督江东诸军事，大司马、楚公、加九锡等，于是朝廷决意讨伐。太宰司马颙以张光为顺阳太守，率步骑五千讨伐。刘弘派陶侃为江夏太守，武陵太守苗光屯夏口，又派应詹率水军支援。

陶侃与陈敏都是庐江人，有同乡关系，又同时辟举入京任职，有同年关系。有人就对刘弘说："让陶侃居于大郡，统有强兵，如果陶侃投向陈敏，荆州就东门大开了。"刘弘说："陶侃性格忠顺与才干能力，我已有很深的了解，你的顾虑完全不会发生（侃之忠能，吾得之已久，必无是也）。"这个话传到陶侃耳中，他派儿子陶洪与侄子陶臻向刘弘报告，以表示他对刘弘的忠心。刘弘一方面将这两位青年任命为参军，另一方面却送给他们两人一些实用的东西，并要他们回去。刘弘说："你们的父叔在打仗，祖母年纪大了，你们应该回去侍奉老人家。一个人交朋友，必讲诚信，不会负心，何况是大丈夫呢（匹夫之交，尚不负心，况大丈夫乎）！"陶侃果然把陈敏手下打败，又与皮初、张光、苗光共同打了大胜仗。[按：陈敏于永嘉元年（307）败亡，临死前叹气说："这些人误了我，以致今天失败（诸人误我，以至今日）！"哪些人呢？其中应该也包括他很尊敬的顾荣吧！他不了解，他与顾荣之间存在一道无法跨越的鸿沟。这是后话。]

又有人对刘弘说："张光是河间王司马颙的心腹爱将，而您与东海王司马越的关系密切，两王之间的矛盾人尽皆知，最好把张光处死，借以表示对东海王的忠诚。"刘弘说："朝廷上大官们的恩恩怨怨，孰是孰非，关张光什么事？更不是他的罪！危害别人，得到自己的好处，君子是不屑做的（宰辅得失，岂张光之罪！危人自安，君子弗为也）。"还特别表扬张光的功绩，祈请朝廷奖赏迁升。

这里提到皮初，《通鉴》于太安二年（303）述及。刘弘以荆州守宰多缺，求朝廷允许补选，朝廷同意。他就提名皮初为襄阳太守，这当然是一个重要的职务。朝廷以皮初虽有战功，但襄阳是名郡，必须慎重，皮初资望甚浅，不能同意，而以刘弘的女婿夏侯陟任之。刘弘特别下了手令："治一国，应该以一国为心，如果只有亲戚可以任用，荆州有十郡，难道要有十个女婿可任，然后方能做事吗？"再上表朝廷："夏侯陟是姻亲，在过去，制度上不可以相监督；皮初的功勋，应该给予酬报。"朝廷同意了。《晋书·刘弘传》则在求补守宰的表上，提及："盖崇化莫若贵德，则所以济屯，故太上立德，其次立功也。"展现刘弘视德行重于功业的观念。

我们从刘弘的话语中，看到三个与人物品格有关的词汇，即：匹夫、大丈夫与君子。我们知道，这三个词汇都有经典的论述，例如："匹夫"一词，《论语·子罕》："子曰：'三军可夺帅也，匹夫不可夺志也。'"再如"大丈夫"一词，《孟子·滕文公下》："居天下之广居，立天下之正位，行天下之大道。得志与民由之，不得志独行其道。富贵不能淫，贫贱不能移，威武不能屈。此之谓大丈夫。"（按：现代著名学者张岱年说："大丈夫便是有极深的道德修养，而达到生活之最高境界的人，也是最伟大的人格之称。"）至于"君子"一词，则更多了。《论语·里仁》："君子喻于义，小人喻于利。"《孟子·尽心上》："君子之于物也，爱之而弗仁；于民也，仁之而弗亲；亲亲而仁民，仁民而爱物。"《易经·象传》："天行健，君子以自强不息。""地势坤，君子以厚德载物。"《易经·文言传》："君子进德修业，忠信所以进德也；修辞立其诚，所以居业也。"匹夫、大丈夫、君子三词，经典所述，可说意境高远，胜义纷呈，但都是追求的目标。

人们口语中说到这些词汇，又是怎样的情况？不妨看看史书记载。讲到"匹夫"，立刻想到韩信描述项羽提及的"匹夫之勇"。汉武帝时，徐乐讲土崩与瓦解，举七国为例，说："非权轻于匹夫，而兵弱于陈涉也。当是之时，先帝之德未衰，而安土乐俗之民众，故诸侯无竟外之助。此之谓瓦解。"不论是韩信口中的项羽，或徐乐说及的"匹夫"，都是一个人的意思。"大丈夫"一词，我们会想到漂母对韩信讲的那句话："大丈夫不能自食，吾哀王孙而进食，岂望报乎！"必然也会想到匈奴人刘渊那句豪气干云的话："大丈夫当为汉高、魏武，呼韩邪何足效哉！"漂母眼中，落魄的韩信是一位公子，不只是一个人而已；而刘渊的话，十分自负，绝不是普普通通的一般人。至于"君子"，就经常见到，不再举例说明了。

回到刘弘的话语，他说的"匹夫"，是一个讲诚信，重然诺的人，已赋予了品格上的意义。"大丈夫"一词，未加任何解说，我们可以读出宛如刘渊话语中的意涵，不只诚信，还有担当，呈现出非凡气概。而"君子"就成为对陶侃进一步期许的目标。刘弘说："危人自安，君子弗为。"虽是自况之辞，也是致身君子之人，德行修为的必然态度。这三个词汇，刘弘随口说出，史家随手记下，虽然未能呈现经典中的精义，但也让人感到这三种类型已蕴含了一定的义理，其思想渊源必有脉络可循。经典中的观念，逐渐进入人们生活之中，当然是从读书人开始，影响所及，必也逐渐扩及整个社会。

古人读史，读到许多昔日的故事，其中人物展现的能力格调，是史家描述的重点。善可为法，恶足为诫，人们视史书为人生教育的课本，从中学习待人处世之道。史书内容丰富多彩，值得思考体会之处，所在多有。我们读到刘弘与陶侃之间的一些记载，特别举出匹夫、大丈夫与君子的三个词汇略做说明，或可视为古人读史，目标在于进德修业的一个例子。今天我们想要深入认识传统文化，多读这类故事，想象当时情景，感受其中意境，相信可以得到更多的收获与启发。

悲剧英雄杜弢

西晋末年纷乱不已，宗室混战的"八王之乱"持续了十几年，中原可谓烽烟四起，民不堪命。饱受欺侮的境内胡人愤而起事，更是残暴凶狠，难以抵御。故乡虽美，已非安居之地；走往他处，乃是存活之道。这时的中原，宛若剧烈晃动的水盆，成群结队的人，就像泼出的水，流向四面八方。

读书人身处乱世，面对的情势诡谲多变，受到的考验严峻无比。英雄豪杰之辈，固然可以成为乱世忠良，留名青史；一般士人的卓绝表现，所在多有，若不在史书中钩稽事迹略加表述，往往湮没无闻。史家的刻意用心，后人未能体会，终属遗憾。杜弢或许可以作为一个例子。

杜弢是蜀郡成都人，出身官宦之家，以聪明与学识为人称誉，益州刺史罗尚举为秀才。当时賨（cóng）人李特率领大队流民从剑阁进入蜀地，为人们耕种、劳动，以求生存，朝廷却命令将流民遣返，并限七月上道。此时雨水过多，收成无望，无以准备路途所需，流民愁怨不已。李特派阎式求见罗尚，希望把遣返时间延至冬季，罗尚左右亲信不同意。阎式向杜弢说明情况，杜弢认为应该展延一年，未为罗尚采纳，杜弢就把代表身份的"秀才板"送回，辞职还家。

读到这里，我们要问：杜弢的此一决定，是理智的考虑，还是感性的体会？违背朝廷诏令，坐视流民力量威胁地方，恐怕不属理智的考虑；但阎式说明的流民愁怨处境让杜弢感同身受，杜弢请求罗尚展延时日，应属感性的体会。罗尚不允，他就辞职还家。那么，杜弢辞职回家，是否从此悠游林下，退出历史舞台？不会的，他必然有所作为。因为他是一个不听命权势，而是服膺心中感受，肯为悲苦百姓做事的人，有这种心愿的人，只要有能力，史书必然为他留下篇幅。

杜弢并未隐居在家，而是到了荆州附近的南平，南平太守应詹很欣赏他，对他十分礼遇，后来他担任醴陵县令。这时荆州、湘州一带巴蜀流民很多，受到居民的欺负，生计困苦。蜀人流民聚众起事，乱事为应詹、杜弢联手平服。流民领袖向荆州刺史王澄投降，王澄应允，继而袭杀，将八千余人沉于大江，流民更是怨忿。于是各地流民起事，湘州刺史声称杀尽流民，流民惊恐不已，四五万家一起反叛，因为杜弢也是蜀人，素有声望，推为共主。杜弢自称梁、益二州的州牧，领湘州刺史。

杜弢自称州牧、刺史，当然是反叛行为，国法不容。杜弢何以做此决定，应该是见到四五万家、十余万人陷入绝境，不允其所请，于心不安。流民人数终究有限，流民土民关系紧张，以此条件据地自雄，实无可能。杜弢此举无非先求安定流民，形成力量，再与朝廷谈判，共谋解决之道。这时是晋怀帝永嘉五年（311）。

杜弢的力量颇为可观，五月，攻入长沙，擒湘州刺史，向南、向东进攻都有斩获，"杀二千石长吏甚众"。永嘉六年（312），杜弢击败荆州刺史王澄，王澄被召回，以周颛代之，再为杜弢所败。这时王敦派出陶侃、周访、甘卓三人对付杜弢。陶侃料知杜弢将袭武昌，杜弢果然进击，为陶侃所败，然陶侃也屡次为杜弢所败，赖周访救援，再破弢军。陶侃、周访为一时名将，杜弢与之周旋，未见逊色，也可知杜弢计谋高、能力强，应非等闲之辈。

愍帝建兴三年（315），杜弢手下将士折损已多，不再是陶侃、甘卓的对手，于是向琅邪王司马睿请降，司马睿不允。他就写了一封信，请应詹为他说项，应詹同意上书司马睿并将杜弢的信转呈。司马睿应允，派东海太守王运受降，赦杜弢的罪，派为巴东监军。然而陶侃、甘卓仍然进攻不已，杜弢非常气愤，杀了王运再度反叛。杜弢派降将王贡向陶侃挑战，陶侃料知王贡心意不定，用话激将，说："杜弢只是益州小吏，盗用公款，父死不奔丧，这种人不值得跟随，天下哪有头都白了，还在做贼的！"见到王贡原来"横脚马上"，闻言，"敛容下脚"。陶侃知道可以打动王贡，派人约降，还剪了头发作为信物，王贡就向陶侃投降。于是，弢军大溃。《通鉴》记："弢众溃，遁走，道死。"《晋书·杜弢传》则记曰："弢乃逃遁，不知所在。"

读到这里，我们要问三个问题：一、司马睿为什么最初不接受杜弢的投降，后来却又接受了？二、杜弢既已投降，且得赦令，陶侃、甘卓何以仍然进攻不已？三、陶侃何以能够说动王贡？

关于第一个问题，当然与应詹的上书有关，司马睿与王导同意应詹的意见，接纳杜弢的请降。但是，睿、导何以同意应詹？仍可一问。我的揣测是，应詹声望很高，除可以信任之外，杜弢信中所言必也情理兼顾，令人感动。

第二个问题，司马睿固然赦了杜弢，但甘、陶将士深知杜弢战力疲弱，已如强弩之末，还手乏力，进攻必能取得最大利益，怎可轻易放弃？

第三个问题，王贡原为陶侃部将，因故叛陶投杜，陶侃深知其人，杜弢将士损伤严重，王贡必不肯再为他尽力，无须动武，可以智取。

西班牙哲学家奥尔特加·加塞特（1883—1955）说："比起言语和行为，更应该去注意那些看起来不太重要的东西：姿态和表情。正因为姿态和表情并非刻意流露，它们能意外透露出心底深处的秘密，而且准确地将之反映出来。"而王贡在马上的动作，就是一例，它透露了王贡心中的秘密。

以上所述杜弢事迹，主要取自《通鉴》，因为《晋书》本传记载甚简，图像颇为模糊。何以如此？《晋书》撰者似将篇幅用于记载杜弢致应詹的信，以及应詹为杜弢的上书。两篇书信，几乎占了全传的三分之二，可知撰者的重视远在杜弢事迹之上。相对而言，《通鉴》虽有记载，却十分简略。杜弢"文理优长"，此信叙事清晰，说理明畅，感情真挚，文字典雅，今天读来，似有一定难度，我就不揣浅陋，用白话改写，只能略保原意，恐难重现风华。

　　天下大乱，及于我们这里，我们一群人只有离开。到了荆州，我们遭人唾弃，无以为生，大半的人死了，活着的也极其艰辛，这是您知道的。我们这些流民与当地的居民矛盾很多，难以久处。乐乡流民起事，我与您联手平定，只怕不能持久，力量也嫌不足。我们到了湘中，为求生存，只有团结，借以自卫，等天下稍为安定，再向您及官府请降。这时山简镇守夏口，山公体察下情，度量宽宏，在众多猜忌疑惑之中，接纳了我们，若不是山公见识高远，怎能做到！我们来自西边的人受此厚恩，得以除去罪嫌，如蒙再生之德。山公去世，这事突然终止，我们深感憾恨。我想派滕、张两位使者向主上说明我们起事的原委，但恐怕贪功求名的人在主上面前搬弄是非，为了彰显我的叛逆之罪，把我的使者公然处死，所以，我还是没有派遣。这时，甘卓、陶侃的大军突然来攻，水陆十万，旌旗遮蔽山野，舟舰布满大江，非常威风，但我们并不惧怕。春秋时，晋文公讲信义，诸侯听命；陶侃一面宣布赦书，一面率军进攻，这像是尊奉朝廷，表率海内吗？逼迫行义之人成了叛逆之徒，对于善良百姓责以不赦之罪，这是正确的做法吗？驱迫这些乌合之众，想同这些必死的人决一胜负，绝不是高明的策略。我的本心，坦坦荡荡，神明可鉴，也是您知道的。您不会宁愿冤枉忠良，不向主上说明吧？

昔日虞卿不以大国相位为荣，而与魏齐共安危；司马迁为了李陵，受残刑而无悔。您在湖南此地，享誉极高，理应进而为国家谋平难的方略，退而为朋友申改过的真诚，在您做来大有余裕。深切盼望借您的威名，把我的这封信呈送主上，也请主上派人前来，我得以披露肝胆，加以说明，一无保留；若仍遭谴责，身死无恨。我想您必将思及国法，请您让我立功赎罪，我必率领徒众充做前锋，迎回先帝，击败胡人，就是战死沙场，犹若获得重生。如蒙恩允，我当先扫清动乱，再光复中原；只要给我一年的补给，令我向西进攻，必能平定蜀地李雄，恢复《禹贡》所载旧壤，以我微小的功劳，赎我背叛的过错，让地方安定，百姓安居，为昔日的滋扰向邻邦谢罪。这就是今天我想要做的，敬请鉴察，亦请卓裁。

我只是一个远地的书生，论出身、资历与您相去甚远，实在没有足够的情谊请您施以援手。我只是把我的真心诚意展现出来，此地的山川知我忠顺，地方也不再有伐叛的战斗；您在本地声望更高，而我们流民也可以活命，应该是很有意义啊！十几万人，不再时时思及攻战之事，就可以致力于生产，享受丰收的喜悦。衡山、长江、湘水，都在身旁，若我所说不实，必受天谴，梁州、益州都将遭殃，不只是唯我一家而已。

应詹读了杜弢的信，哀叹不已，立即将杜弢的信呈送给司马睿，也附了上书。《杜弢传》加以记载，录于下：

杜弢是四川的秀才，名声很好，学识亦丰，能力又强。过去曾经带领流民来到我所统治的辖地，他的心志贞坚，我很了解。蜀人在乐乡起事，杜弢拿出自己的家财招募义勇，歃血为盟，慷慨激昂。乐乡之事平定，其地残破，杜弢东下湘中，与乡人相遇，因其名望，推为共主。追究此事并非出于杜弢本心，然而此后湘中一带混战不已，不能说不是杜弢的罪过。看今天杜弢的上书，可以见到他的真心诚意。东汉之初，朱鲔（wěi）自以为受忌于刘秀，刘秀以黄河为誓，朱鲔受到感动，投归刘秀，尽力报效，终于封侯，这就是恕人之过，录人之功。我深深觉得，今天国难当头，应该从高处着眼，从大处着想。昔日齐侯赦了射他的人，晋侯饶了斫他袖子的人，得到两人的报效，两侯作为，为后人称赞。何况杜弢没有犯过这样的罪您，而又真心诚意为国效命。我以为可以派出使臣宣扬圣旨，这样的话，上天必有彩霞显示，百姓亦将受到恩泽，江左地区必能安枕无忧！

司马睿，或者说王导，何以听信应詹的建议，赦了杜弢，且命为巴东监军？当然与应詹此人声望有关。应詹是怎样的人物？我们看看《晋书》本传的记载。

应詹祖父是应璩（qú），父亲早死，他由祖母抚养长大；十几岁时，祖母又死了，因家中很富有，应詹就请族人共居，像亲人一样，人家对他的处事方式很是讶异。应詹年长后，颇有名气，以个性安和宽宏，态度优雅，学识、文章均佳，为人称美。有人说：这个人就是"君子"（君子哉若人）。

镇南大将军刘弘是他的舅公，很欣赏他，说他"器识弘深"，任为长史，委以军政，他也表现不凡；刘弘在汉南的卓越治绩，应詹有其贡献。

王澄为荆州刺史，任他为南平太守，深得民心；当时天下大乱，南平安定无扰。本传记载了百姓对他的歌颂，由于是出自百姓，我就直抄原文，不做改写："乱离既普，殆为灰朽。侥幸之运，赖兹应后。岁寒不凋，孤境独守。拯我涂炭，惠隆丘阜。润同江海，恩犹父母。"

我读此歌，想起了河南地方父老感悦祖逖的尽心照顾，所唱的歌："幸哉遗黎免俘虏，三辰既朗遇慈父。玄酒忘劳甘瓠脯，何以咏思歌且舞。"

我们何其幸运，不曾为胡人俘虏。天意托佑于您，好比慈爱父母。谨设浊酒蔬肴，聊洗终岁劳苦。献上心中感恩，唯有唱歌跳舞。（见《晋书·祖逖传》）

可以说，地方长官苦民所苦，尽心尽力，百姓必有回馈的表示，也是史家眼中珍贵的材料。

回到杜弢，我们看到他的一生令人哀叹，可以称为一场悲剧，但他是英雄吗？他的本传在《晋书》第一百卷，同卷的是王弥、陈敏、祖约、苏峻、孙恩、卢循等等一堆"叛臣"，也都是二三流的小角色，与之为伍的杜弢，可以称为"英雄"吗？是否称之为"悲剧人物"较为贴切？英雄与人物之间，究竟如何划分为宜，我既无探讨的意愿，亦无判断的能力。我只是遥想唐代史臣书写杜弢之时，心中思念着什么？如何规划这篇传记？史文俱在，不妨据之揣测。

首先，杜弢事迹，可以简略带过，两篇书信，应予加倍重视；杜弢致应詹的信，述说他的心意心志，特别是流民的困苦，死者过半，生者艰辛，看在眼中焉能无感？杜弢从退回"秀才板"起，就心系流民，一路走来，他是苦流民之所苦，为流民奉献一切。他当然知道，自任州牧、自领刺史，已超越底线，是反叛行为，不容于国法。他也一再说明，希望能有机会亲率徒众，驱除胡人，戴罪立功，将功赎罪。可知"忠"的观念常在心中，无时或忘。当然，我们要问，杜弢自说自话，有几分可信？我觉得唐代的史臣是相信的，何以相信？应詹的上书，以及司马睿、王导都相信了，也许可以不必怀疑了吧！简言之，撰写此传的史臣为杜弢心怀苦难大众所做的一切，深受感动！不妨可说，撰写历史，人们内心的活动有其感人的力量，不是作为事迹可以比拟。

最后一个问题，杜弢的下场如何书写？《通鉴》记："弢众溃，遁走，道死。"但胡三省将《通鉴考异》所言，记于下："《考异》曰：《弢传》云：'弢乃逃遁，不知所在。'《晋春秋》云：'城溃，弢投水死。'今从《帝纪》。"按《晋书·愍帝本纪》原文为："荆州刺史陶侃攻杜弢，弢败走，道死，湘州平。"与《通鉴》所记略有小异，意旨则同。由此可知，杜弢的下场有三种说法，一是"败走，道死"，二是"投水而死"，三是"不知所在"。

看来，杜弢的死，应可肯定。但是，何以仍有不知所在之说，而且为撰史者所相信？我的解读是，仍未死去，不知所在之说，在民间广泛流传，信者甚众。何以如此？我想，只有苦难大众对这位人物至为敬佩，情感至深，不愿见其死亡，方才有此传言。

这样一位人物，难道不能称之为"悲剧英雄"吗？应该是可以的吧！我想，撰写此篇的史家或许也会欣然同意。

古之所谓名臣，谢弘微当之

"朱雀桥边野草花，乌衣巷口夕阳斜。旧时王谢堂前燕，飞入寻常百姓家。"这首唐人刘禹锡的七绝《乌衣巷》，传诵已久，诗意是朱雀桥边、乌衣巷里的豪宅已经易主；标志着高门大族的凋零，让人感慨，这也是历史发展的重大变化。这样的理解，当然无误，但由于缺少细节，以致稍欠韵味，不耐涵咏。

我们要从乌衣巷的一座豪宅说起。东晋末年，这里是谢混的住家，谢混是谢琰的儿子，谢安的孙子。谢混风格高雅，意境玄远，其风华为江左第一，袭父爵，尚公主，俨然是谢家宗族领袖。谢混平时很少与外界交往，社会上名望很高的人也不敢贸然造访，而他常在乌衣巷宅第与谢家子弟谈学问论诗文，时人称之为"乌衣之游"，谢混的诗："昔为乌衣游，戚戚皆亲侄。"即记其事。让我们看看史书怎么记载宅邸中的谢家亲侄。

谢晦，非常漂亮潇洒，口才便给，言谈幽默，书读得多，文章写得好，知识渊博，又有见识。（美风姿，善言笑，眉目分明，鬟发如点漆，涉猎文义，朗赡多通。）谢晦能力极强，刘裕非常欣赏他，进军关中时，许多重要的谋略与事务，都交给他处理。（深加爱赏，群僚莫及，从征关、洛，内外任悉委之。）谢晦曾与谢混同时出现在刘裕面前，刘裕说：我一次看到两个玉人。

谢晦兄谢瞻，六岁就能写出好文章，所写的两篇文字，当时名士都感到惊讶。他与谢混、谢灵运都有很高的名声。（六岁能属文，为《紫石英赞》《果然诗》，为当时才士所叹异。与从叔混、族弟灵运俱有盛名。）谢灵运更是六朝文学史上不可不提的大人物，史书记曰："年轻时努力学问，读了很多书，文章写得漂亮，与颜延之并称，号为江东第一……谢混深知他才华出众，也非常欣赏。"（少好学，博览群书，文章之美，与颜延之为江左第一……从叔混特知爱之。）

谢弘微呢？史书上这样写："年纪很小的时候，神情端正严肃，思虑精细专注；话不多，但都在关键时刻发言，给人留下深刻印象。他的过继叔父谢混素有知人的名声，见到这个孩子，觉得非常特别，对弘微父亲说：'这个孩子，很有内涵，将来必成大器，有这样的儿子，一生就满足了。'"（童幼时，精神端审，时然后言。所继叔父混名知人，见而异之，谓思曰："此儿深中夙敏，方成佳器，有子如此，足矣。"）

我们大可以想象一下，谢混与这些谢家子弟在一起谈学问、析疑义、评文章、赏诗赋，展现了怎样的情景，酝酿了怎样的气氛？青年才俊，尽情发挥，固然精彩纷呈，而其言行举止，亦无不尽在谢混眼中：他看到了谢晦等人才华既高，辞藻又美，引经据典滔滔不绝。说话最少的是谢弘微，但弘微往往几句简单的言辞，让人无不叹服，谢混也特别赞赏，称他为"微子"。谢混对大家说："你们学识渊博，口才又好，但是大家听了未必心服。至于领会精义，用简单的话语表达深刻的道理，你们和我都一致同意：弘微做得最好。"（汝诸人虽才义丰辩，未必皆惬众心，至于领会机赏，言约理要，故当与我共推微子。）谢混还对每一位侄辈下了评语，指出特长所在，以及缺失之处，唯有对弘微都是褒奖称赞的话，未指出任何瑕疵。谢混勖勉本家子弟："大家要努力啊！你们要负起振兴社会文化上的责任，每个人如能改掉自己的缺点，就可以做得很好。"（数子勉之哉，风流由尔振，如不犯所知，此外无所慎。）

这段文字，我们看到了谢混何以特别欣赏弘微，我们也观看到了"乌衣之游"；我们再读到"乌衣巷口夕阳斜"这句诗时，应该可以感受到它那丰富高雅的意蕴了吧。

东晋末年，刘裕与刘毅失和，兵戎相见，谢混支持刘毅，失败，被处死。朝廷命谢混妻晋陵公主改嫁，公主不从；朝廷下令离婚，公主便把谢混家的一切交给谢弘微处理。谢混地位隆崇，有田产十几处，奴仆千人，只有两个女儿，年纪很小；一切事务都由弘微经理，他就像替公家办事一样，一文钱，一尺布，都记载得清清楚楚。

东晋结束，刘宋代立，晋陵公主降为东乡君，以其节义可嘉，还回谢氏。这时距谢混死已有九年。老太太回到旧家，看到屋宇依然，而且修缮完备，仓廪充实，管事的人与过去无异，田产方面尚且有所增添。弘微全部交给老太太，老太太说："谢混一生特别看重这个孩子，真是有知人之明，他可以含笑九泉了。"随着老太太一起回家的亲人故旧，见到这个景象，没有人不从心中发出赞叹，甚至有人为之涕泣。

我们要问：为什么会流下眼泪？因为太感动了；为什么这么感动？因为太难得了。大家看到太多外人侵占、家人争夺的事例，怎么有人像谢弘微这样，辛苦九年，全数奉还，加上盈余，一丝一缕都不取？谢弘微也真是太了不起了！

没多久，老太太死了，留下巨万资产，园宅十余所，各地有事业，奴仆数百人。大家都说，室内资财给两个女儿，田宅奴仆归谢弘微，弘微一无所取。

为什么大家认为应该这样分配财产？大概那是当时的惯例吧。谢混的女婿殷睿好赌博，听到弘微分毫不取，就夺取妻妹、姑母分得的财物，以还赌债。谢混家人受到弘微的感召，也都给了。弘微的表哥刘湛认为弘微的做法很不对，说："天下的事，有一定的处理方式，你这样处理，如何去做官处理民间的事？"弘微笑而不答。有人说："谢家累世财产，给这个姓殷的赌光了，完全没有道理。你看到了不制止，就像把东西丢到江海里，说是自己很廉洁。你只为了一个好名声，弄得家用不足，这也是不对的。"谢弘微说："亲戚争家产，这是最不好的事。今天，他们家里的人都不说话，我有什么立场去说些什么，让他们你争我抢呢？况且，分多分少，都不至匮乏，身死之后，还能关心财产多少吗？"

谢家亲友看不惯殷睿的行为，希望弘微加以制止，似乎给了弘微很大的压力，但弘微不改初衷，不加理会，理由何在？我想，弘微最重视的是不要争夺，尤其是亲戚之间，能让则让，只要生活无匮乏，多则多用，少则少用。家人相处，理应宽容，亲情无价，最应珍惜。所以，他说："亲戚争财，为鄙之甚。"亲情重于金钱，就是他所坚持的理念。

　　谢弘微是宋文帝的重要辅佐，参与机密，与王华、王昙首、殷景仁、刘湛合称"元嘉五臣"，宋文帝之所以缔造"元嘉之治"，五臣厥功至伟。谢弘微志在做事，不求权势，每有意见或论及时事，必将上书手稿焚毁，他人不知其主张。谢弘微虽然生活俭约，但很讲究饮食滋味，而且尽其丰美。宋文帝听说了，要到他家尝鲜，弘微尽力准备，用餐之后，亲人问他与皇上谈些什么，弘微就用其他的事支开，完全不提君臣谈话的内容。所以，谢弘微在宋文帝朝政方面的贡献，几乎无资料留存，史书亦无有关记载。

　　弘微长时间吃素，过了礼制的时日仍然不改。名僧慧琳看到弘微只吃蔬菜，就说："你的身体不好，气色欠佳，应该恢复平常的膳食，素食日久伤身，不合道理。"弘微说："服丧的礼制，可以遵守；但是心中的哀痛，无法除去。"弘微少年丧父，事兄如父，兄弟之间感情极好。这个事例或可说明，谢弘微看重亲情，不只是遵守礼制，更是发自心性。

　　《通鉴》中记谢弘微事，主要是谢混死后，经营产业与不制止殷睿因赌借债两件事，"乌衣之游"与弘微饮食丰美，宋文帝亲临品尝；以及他与高僧慧琳交谈之事，均未记载，我们只能从《宋书》中读到。

我们看看《宋书》撰者沈约怎么记载谢弘微，请看《谢弘微传》的最后一段："有人问史臣，王惠这个人如何？答：王惠可以'简'字说明。又问：那么王球呢？答：可用'淡'字描述。再问：谢弘微呢？答：'简要但没遗漏，淡雅却不随便。古人所说的"名臣"，弘微是称得上的。'"（或人问史臣曰："王惠何如？"答之曰："令明简。"又问："王球何如？"答曰："倩玉淡"。又问："谢弘微何如？"曰："简而不失，淡而不流，古之所谓名臣，弘微当之矣。"）谢弘微的一生，或史书上所载的事迹，我们看不到政事上的重要贡献，也读不到文学上的佳句名篇，反而沈约十分推崇，说他可以被推许为古人所说的名臣，其故安在？

首先，在公认的士族领袖谢混眼中，弘微高于其他侄辈名士。就事功言，谢晦辅佐刘裕挥军关、洛，所谓"入关十策，晦有其九"，可见其人谋略之高明，深受刘裕倚重。就文学言，谢灵运更是一代巨匠，沈约《宋书·谢灵运传》的"史臣曰"，将灵运与颜延之并举，说："灵运意境的高远，延之体裁的细密，足以与前贤并列，亦可做后学典范。"（灵运之兴会标举，延年之体裁明密，并方轨前秀，垂范后昆。）颇致推崇。但是，整体看来，谢晦、谢灵运都不如弘微，这是谢混的论断，也为沈约所采纳。

其次，谢弘微既是"元嘉五臣"之一，不可能在政事上毫无建树。我们看到，弘微的任何主张与建言，都只让文帝知悉，而且要言不烦，言必有中；再者，绝不流传于外，更不夸示炫耀。弘微的作为，让我想起三国时代吴国丞相顾雍。关于军国大事，处置策略，顾雍只在孙权面前陈述己见（军国得失，自非面见，口未尝言）。朝廷商讨政事，顾雍发言，态度虽然温和，对道理则十分坚持（辞色虽顺而所执者正）。所提政策施行获得成效，功劳归于孙权；未见采用，则绝不对外泄漏。王夫之在《读通鉴论》中，高度肯定并赞扬顾雍，称之为"人臣典范"。谢弘微的为政风格，庶几相同。

第三，我们看到史书记载的重点，特别是《通鉴》的选录，并不在于谢弘微做事的风格，而在于他做人的品格。自幼受知于谢混，报答的方式即尽力做好应做的事，让谢混的未亡人说一句，"谢混……真是有知人之明，可以含笑九泉了"。谢混女婿无行好赌，侵夺家业以偿赌债，他的处置仍然以亲情为重，钱财为轻，不以钱财之故坏了亲戚感情。尽管在"事理"上，难以说服众人，但就"感情"而言，则有其意义。弘微归还谢混产业，观者感动，至于泣下；而纵容殷睿恶行，为人不解，让人气愤。此二事，弘微处理状似平淡，其实至为不易，非有极大之内在力量，亦即深厚之心性修养，是无法做到的。

读弘微传记，或仅读《通鉴》所录，让人留下至深印象者在此，也是史书记载特别着重之处。简言之，史家视谢弘微为"名臣"，在其修为，在其人格，此亦中国传统史学之特色所在。

或许，我们可以说一句：读了《谢弘微传》，觉得喜欢，非但认识了这位历史人物，也对中国传统文化多了一点儿认识。

北魏重臣崔浩、李顺的争斗与太武帝的摇摆

史书所载北魏初期人物，最为耀眼者当推崔浩。崔浩服侍道武帝拓跋珪、明元帝拓跋嗣，得到两位帝王的宠幸，由于谋略高明，太武帝拓跋焘更是对他信任有加、言听计从，勋业卓著。当然，崔浩本人内外条件极好，相貌俊美、智虑精审、学识渊博，《通鉴》记："浩纤妍洁白如美妇人，常自谓才比张良而稽古过之。"即是此意，这些都是让人印象深刻的缘由。我们读《通鉴》此一时期，述及北魏，总是被崔浩吸引，读来赞赏不已，也就不为无因了。

相比之下，《通鉴》中的李顺黯淡多了。他的杰出表现，《通鉴》不吝记载，也让我们略有印象，但他与崔浩过招，显然屈居下风，宛如崔浩演出的背景，只在衬托崔浩无与伦比的学识与智谋，实际情况是如此吗？如果读读《魏书》的有关记载，我们会看到大不一样的景象。

425 年，《通鉴》记：夏国的开国皇帝赫连勃勃死，国内动

乱，魏太武帝认为是出兵的好时机，老臣长孙嵩不赞成，崔浩力主征讨，太武帝采纳崔浩的意见，遣将西征。太武帝想以中书博士李顺为前军统帅，问于崔浩。崔浩说，李顺确实有指挥作战的能力，我与他家联姻，知道他这个人做事果决，轻于去就，派他担任前军主帅，并不妥当。太武帝因之不用李顺，所以崔浩与李顺两人之间就有了矛盾。

这是李顺在《通鉴》中的首次现身；至于李顺是怎样的一个人，他与崔浩之间有着怎样的姻戚关系，《通鉴》均未述及。《通鉴》受限于体例与篇幅，不能事事详述，所以，看不到这些细节，不能视为《通鉴》的缺失。我们唯有对读正史，打开《魏书》看看关于李顺的记载。

《魏书》里的李顺，是一位学识渊博，对经学、史学均有造诣，而且长于谋略，名气颇高的人物。他曾随太武帝征讨柔然，出谋献策，太武帝颇为满意，这也是想派他为征夏前军主帅的理由。所以，李顺不是普普通通的官员，学识与能力都很不错，同样受到太武帝的赏识。崔浩的弟弟娶了李顺的妹妹，又以弟弟的儿子娶李顺的女儿，崔、李两家关系可谓十分紧密。不过，《魏书》接着写了这么一句：崔浩很轻视李顺，而李顺也不大服气崔浩（浩颇轻顺，顺又弗之伏也）。崔浩自比张良，还说张良读的书没有自己多，当然是极其自负；李顺尽管名气不弱，尚难入他的法眼。李顺当然知道崔浩极其聪明，学问又很好，他不服气什么呢？我想，应该是看不惯崔浩骄傲自大、谄附国君、目无余子的态度吧。

《魏书》又记载进攻夏国的过程中，李顺居于上功，进入夏都统万，太武帝赏赐诸将珍宝等物，李顺不取，只拿了书籍几千卷，很受太武帝称赞。可见李顺在太武帝心中，是一位颇可任用的人才。

李顺主要事迹与凉州有关。凉州首府姑臧，即今天甘肃武威。西晋末年，中原板荡，衣冠南渡，但也有不少经学之士西奔凉州，受到凉州主政者张轨及其子孙的优遇，著述刊布，讲学不辍，儒风大盛，遂以"河西儒学"称美后世。凉州当时为匈奴人沮渠蒙逊所据，臣服于魏，《通鉴》记太武帝选派使者前往，崔浩推荐李顺。崔浩与李顺不是不合吗，为什么要推荐他？出使一个文化昌盛的地方，使臣的学识才智都将受到严峻考验。我们可以想象，在崔浩心中，朝中既有学识能力，又通晓西边事务的，李顺应是首选，无人能出其右；再说李顺颇得太武帝的赏识，推荐李顺也是投主上之所好。

李顺的表现也确实极其称职。李顺到了凉州，接待的人表示，沮渠蒙逊年老体衰，不便拜伏受诏，而要延后三五天，李顺不答应。次日，李顺见到蒙逊，蒙逊很随便，坐着动也不动，李顺板起脸孔说：没想到这个老头这么不遵礼法，不懂道理，今天不怕亡国还要摆架子，灵魂都不在了，也不用见面了。说着就转身步出，蒙逊急忙派人将李顺请回。蒙逊说：我听闻朝廷念我年老，让我不必拜伏受诏，所以才坐着。李顺说：齐桓公九合诸侯，一匡天下，周天子赐胙，叫他不必下拜，桓公不敢失臣下之礼，仍然下拜。你的功劳不能与齐桓公相比，况且朝廷也没有不拜的诏令。你如此傲慢，不是社稷之福。蒙逊于是起身，下拜受诏。

李顺回到朝廷，魏太武帝问他凉州的事，李顺报告：沮渠蒙逊历经艰辛，手腕高强，臣下都怕他，是一个厉害人物，他在世时，可以控有凉州，如今他举止乖张，傲慢无礼，将不久于世了。太武帝再问：蒙逊死了之后，凉州会怎么样呢？李顺答：我见过蒙逊的几个儿子，都不成才，听说敦煌的沮渠牧犍比较有才，但比起他的父亲蒙逊，远远不如，这块地方，不久就要为陛下所有了。太武帝说：我现在向东方用兵，暂时不会西征，如果你说得对，也等不了几年，不会太晚了。

次年，沮渠蒙逊死，凉州人拥沮渠牧犍即位河西王。魏太武帝知道了，对李顺说：你说蒙逊会死，牧犍即位，都被你说对了，看来我拿下凉州，为期也不会太远了。于是对李顺有所赏赐，也更加欣赏。李顺此次圆满达成使命，完成出使的任务。

李顺何以做到？首先，李顺对交涉过程的礼法相当清楚，而且坚定执行，不做丝毫让步，显示他有过人的学识、见识与胆识，得以不辱君命。其次，李顺的观察能力很强，对于出使国的情势有所了解与掌握，能做出深入分析与精准判断，也就得到了君主的赏识。

439 年，《通鉴》记北魏讨伐凉州诸事。开头提及：长久以来，崔浩厌恶李顺。（胡三省注：伐夏之役，浩、顺有隙。顺以使凉为魏主所宠待，浩愈恶之。）胡氏多少暗示，崔浩对于君主宠幸似有一种占有欲，不容他人侵犯。

《通鉴》接着记，李顺使凉州，前后十二次，俨然凉州问题权威，也深得太武帝的信任。沮渠蒙逊招待李顺，对臣下说话，时有"骄慢之语"，蒙逊怕这些话语流出，拿了金宝塞在李顺怀里，李顺也就不向外人述说。崔浩知道了，向太武帝报告，太武帝不信。蒙逊口中的"骄慢之语"，当然是很骄傲、很看不起人的话。看不起谁呢？必然是魏太武帝，不然蒙逊不必有所掩饰。崔浩何以知道？大概不是因为两家联姻，关系密切，而是有其他渠道，例如买通李顺使者团中的成员，就可以得到一些打击政敌的情报。为什么太武帝不相信崔浩的话？应该是他对李顺有好感，有信心。

朝中讨论征伐凉州，李顺与尚书古弼都不赞成，说："前往姑臧的路上，到处都是大石头，完全看不到水草；当地人说，姑臧城南天梯山上，冬天积雪，春夏消融，流下来成了河川，用于灌溉，他们听说大军到了，把渠口决破，水就没有了。环城百里，地不生草，人马无水，无法久留。"其他大臣都支持李顺、古弼的意见。

崔浩说："《汉书·地理志》记，凉州的畜牧业，天下最为富饶。如果没水，怎能有富饶的畜牧业？再说，汉人不可能在没有水草的地方建城。而雪水只能擦擦灰尘，怎能灌溉？这些话都是骗人的，很是可恶。"李顺说："听到的不如看到的，我亲眼所见，怎么说我欺骗？事实如此，没什么可辩！"

崔浩说："你拿了人家的钱，就要为人家说话，你以为我没看到就可以骗我！"这时，坐在隔壁的太武帝走了出来，一脸怒容，辞语严厉，群臣不敢再说什么，低着头走了出去。只有一个武将伊馛（bó）说，凉州如果没有水草，怎么可能成为国家？大家的意见都不对，应该听崔浩的。太武帝很同意。

我们从这次大辩论的记载中，可以看到，崔浩是以一人之力舌战群臣，也可以看到朝中大臣几乎全站在李顺这边。我们又可以看到，崔浩的地理认知来自历史知识，雪水仅可擦擦灰尘，就是欠缺自然地理知识的一例。不过，太武帝到了姑臧城外，见到水草丰饶，深感李顺欺瞒，大为不满，对崔浩说：前次讨论，还是你的话对。崔浩回应：我不敢说不实在的话。

凉州位处丝路，是商业发达的文化小国，武力有限，沮渠牧犍听说魏国大军来犯，大为惊讶地说："这怎么可能（何为乃尔）？"牧犍为什么会觉得不可能？大概李顺告诉他，魏国不会进攻凉州。而李顺的主要理由应该是，北方的柔然仍是魏的大患，军力受到牵制，不会向西用兵。也就在同一年，凉州为魏取得，河西儒士进入魏国朝廷，"魏之儒风始振"。

442 年，《通鉴》记载，太武帝使李顺处理征服凉州的后续工作，赐有功臣子以爵禄。李顺受贿，处理不公，凉州人徐桀上告，太武帝很生气，加上认为李顺庇佑沮渠氏，欺君误国，赐死。崔、李之争，李顺以失败收场。

魏有凉州，奖赏有功文武，责任重，权力也大，太武帝为何任命李顺？可见其时对李顺仍然信任。然而，李顺收受贿赂，处事不公，死有余辜。但《魏书》又有一些《通鉴》未采纳的细节，如沮渠蒙逊杀昙无谶，是因为李顺拿了蒙逊的钱，未予阻止。太武帝平凉之后听说，对李顺很不满。另外，李顺死后数年，他的堂弟李孝伯受到太武帝的重用。《魏书》记孝伯"美风仪，动有法度”，是一个漂亮的人物，李顺推荐给太武帝，太武帝见了，很欣赏，说：他真是你们李家的千里驹啊！后来，崔浩被杀，太武帝极气崔浩，对李孝伯说：你的堂兄李顺，虽然误国，但我觉得他罪不至死，都是崔浩一直讲他的坏话，让我愈听愈生气，所以，杀你堂兄的是崔浩！

后来，太武帝在外，听说李孝伯死了，说："李宣城可惜。"立即认为不妥，改口："朕失言，崔司徒可惜，李宣城可哀。"思念崔浩之情，可谓深切，这是太武帝与崔浩君臣交往记载的最后一行。

崔浩与李顺的争斗，最后胜出者究属何人？

崔浩被诛、族灭的悲惨下场，主因为何？是史学界的大题目，但是，我们看到了崔浩与朝中群臣的关系疏远，基本上站在对立面，只是依恃太武帝对他的无比宠幸，这恐怕也是灾祸背景之一吧。

崔浩与群臣颇有距离，上文所述之外，还有：

423 年，《通鉴》记崔浩不信佛教，说"为什么要信这种胡神！"太武帝左右都讨厌他，使他难立于朝，只有让他回家；但太武帝知道崔浩的聪明才智他人不及，有事便召来咨询；太武帝还会突然到崔浩住处，崔浩来不及穿好衣服，或正在吃饭，君主也为之举箸，吃一两口。

444 年，《通鉴》记载，魏袭柔然，尚书令刘絜反对，崔浩力主进击，武将皆赞同刘絜，后来因为诸将未能如期抵达指定地点，无功而返，刘絜与八将遭处死。

446 年，太武帝进讨盖吴，到了长安，见到佛寺中有兵器，崔浩劝太武帝杀尽天下沙门，毁掉佛经与佛像。寇谦之力言不可，一再劝说，崔浩就是不听，于是有太武帝灭佛之举。

我们可以想象，朝中大多数信佛的文武官员，此时心中对崔浩不只是不喜欢，而且是深深愤恨了。

450 年，崔浩自恃太武帝对他的宠信，在朝中握有大权，推荐冀州、定州、相州、幽州、并州的人士几十位，起家就是地方郡守。太子晃说，过去征召到朝廷的人，也应该派任地方郡守；他们在朝中任职已久，熟悉政务，应予调升，以新征的官员在朝任职；再说，郡守治民，应该有所历练。崔浩反对，力争不已，太武帝就同意崔浩了。高允听了，说：崔浩的下场一定很惨！坚持不对的事，只是依恃君主的信任，是不可能成功，一定要付出代价的。（崔公其不免乎！苟遂其非而校胜于上，将何以堪之！）

崔浩推荐五州士人出任地方郡守，似乎有培养自己势力的意图，或许正是反映了他与朝中大臣的疏离，也是他必然失败的原因吧。崔浩太聪明了，也太骄傲了，心中只有主上的宠信，不理会同僚同事，这样的人，很难避免失败的下场吧！

那么，魏太武帝又是怎样的人物呢？《通鉴》记："魏主为人，壮健鸷勇，临城对阵，亲犯矢石，左右死伤相继，神色自若。"我想到读过的一本书《非典型力量》(*The Wisdom of Psychopaths*)，讲的是"人格病态者"，其特点正如中文译本的副题所述："疯癫的智慧，偏执的专注，冷酷的坚毅。"北魏太武帝拓跋焘的性格似乎也可以归于这一类。

算无遗策的北魏第一谋臣崔浩

　　我们可以从历史知识中预测天下大势的未来走向吗？历史学家会说不太可能吧。因为我们掌握的信息有限，而世局的变化则是无穷，预测如同猜谜，意义不大。然而，传统史书不乏预知未来的记载，我们不妨看看，他们是怎么看出局势的发展，做出了正确的判断的。也许，古代事务终究简略，不能与今天同日而语。

　　崔浩是南北朝早期北魏的名臣，北魏道武帝拓跋珪，历尽艰辛创建魏朝，晚年性情大变喜怒无常，大臣多因小过受罚，崔浩服侍左右，恭敬勤勉，颇得信任。道武帝死，明元帝拓跋嗣继立，好阴阳术数，崔浩为之讲述《易》与《洪范》五行，亦得宠信。

　　《通鉴》记载，晋安帝义熙十二年（416），刘裕因关中后秦动乱，挥军北上指向关、洛；冬，檀道济光复洛阳。次年，刘裕率水军沿黄河西上，先派人向魏借道，这时，后秦国君姚泓也向魏求救，魏主拓跋嗣召群臣商讨，大家都说：潼关天险，刘裕以水军攻不进去。如果让刘裕登岸，情况就复杂了，刘裕以伐秦为名义，说不定指向我们。再说，秦与我们结亲，我们不能坐视不管，应该派兵阻止刘裕，不让他西上。

崔浩说：刘裕想攻进关中，已有一些时日，今天，姚兴死了，儿子姚泓很弱，国内混乱，正是好时机，刘裕志在必得。如果阻挡他，他一生气，上岸北攻，是我们代替秦国受敌。我们的北边有柔然骚扰，民间存粮又不足，若与刘裕为敌，发兵南向则北边空虚，严防柔然则挡不住刘裕，不是好计策。不如就把黄河的水道借与他，让他西上，然后屯兵其后，如果刘裕胜利了，会感谢我们的借道，如果刘裕用兵不顺，我们就有了救秦国的好名声；再说，南北的情况不同，刘裕不可能以南方的兵力与我们争大河以北的地方，不可能是我们的大患。

构思谋略，要想到的是国家的大利益。但朝廷中大多的意见仍以为刘裕说是进攻关中，实际会北上进攻魏。后秦的姚泓自顾不暇，一定不会施以援手，所以，刘裕说是西上入关，实际是北上进攻魏国。拓跋嗣听了众人的意见，不同意刘裕借道，还派长孙嵩发兵阻止，为刘裕部将朱超石所败，颇有损伤，拓跋嗣后悔没听崔浩的意见。关于朱超石如何击败魏兵，《通鉴》卷一一八，有精彩的细节描述可以参看。

崔浩为什么建议借道给刘裕？现代著名史学家吕思勉也许会说，这也是崔浩心存故国的一项证据啊！《吕思勉读史札记》中有《崔浩论》一文，开篇即言："往读史，尝怪五胡入据中原，中原士大夫皆伈伈睍睍而为之下，曾未有处心积虑，密图光复者；今乃知崔浩则其人也。"我们详读《通鉴》所录文本，不易读出崔浩的故国之思，然而，他对刘裕的认识之深，知道刘裕军力之强，却是可以看到的。

义熙十三年（417），晋齐郡太守王懿降魏，上书建议断绝刘裕归路，可以不战而胜。

拓跋嗣问身旁的崔浩："刘裕进攻关中，能打败姚泓吗？"

答："可以。"

问："为什么？"

答："过去姚兴所做的事，让他享有很高名气，但都不实用；姚泓个性懦弱，又常生病，加上兄弟姚弼、姚懿、姚恢之间争夺不已，政局混乱，正是刘裕进兵的好时机，且刘裕军队精锐，将领勇武，怎么会达不到目的呢？"

拓跋嗣显然同意崔浩的分析，就问："刘裕才干比起慕容垂来，如何？"（按，慕容垂是前燕的名将，桓温北伐，受挫枋头，他的表现十分卓越，由于受到慕容暐（wěi）的猜忌，投奔苻坚。淝水战后中原大乱，他伺机复兴燕国，是为后燕。）

崔浩答："刘裕比慕容垂强。慕容垂是慕容皝（huàng）的儿子，慕容恪的弟弟，他的表现固然优异，但他是在杰出父兄抚育下成长；复兴燕国依凭的也是慕容氏过去的资源。刘裕就不一样了，他出身孤寒没有任何凭借，就靠个人的本领，居然可以灭掉篡位的桓玄，复兴了晋朝，向北用兵擒获南燕主慕容超，回师讨灭卢循，所向无敌就是由于能力出众，无人能及。

不然，怎么能做到呢！"

拓跋嗣再问："刘裕既然入关，一时不可能退回，我派精锐骑兵直捣他后方的彭城与寿春，刘裕会怎么应付？"

答："今天西边有赫连勃勃，北边有柔然，都想侵扰我们，都在等着机会呢。陛下不能置之不理，不可能御驾亲征。虽然我们的军队精良，但将领一般，长孙嵩长于治国，短于用兵，不是刘裕的对手。出兵进攻彭城、寿春，看不出可以得到什么好处，不如等待情势的变化，我料刘裕克秦之后就会南归，而且必然篡位。关中这个地方，汉族与外族杂处，民风勇悍，刘裕想要用治理南方荆州、扬州的方式来统治这个地方，就像用衣服来包火，用网来捉老虎，绝无可能。就是留下军队据守，由于人们的风气、习俗不同，不可能成事，最后必然被他人所夺取。我建议陛下按兵不动，静观变化，关中这个地区最后一定会归我们魏国所有。"

拓跋嗣笑了，说："你分析得很仔细，想必预料也很准确。"

崔浩又说："我个人认为，近代将相的表现，王猛善于治国，就像苻坚得到了让齐国强大的管仲；慕容恪尽心辅佐幼主，就像慕容暐得到了辅昭帝、废昌邑王、立宣帝的汉代名臣霍光；而刘裕的平定篡臣与动乱，就像晋安帝身旁的曹操，终究会篡夺大位。"

崔浩为什么会加上这一段话？当然，这段话归结到刘裕的篡位，也是君臣讨论的要点之一。但是，崔浩谈到了王猛与慕容恪的杰出表现，也述及苻坚与慕容暐时期的国内情势，应该不是夸耀知识，而是有其用意，那就是让拓跋嗣感受到他的论事方式，是从对人物与情势的深刻了解，进而分析、推论出看法。如果拓跋嗣对于这三段史事不太清楚，崔浩必能详加解说，相信拓跋嗣也会很感兴趣，仔细聆听。

拓跋嗣接着问："你看先帝（拓跋珪）如何？"

答："我能见到的只是天空的一个小角落，而不是广大的苍穹。虽然如此，我还是可以稍稍说说。太祖带着漠北淳朴的人民进入中原，变易风俗，统有天下，功劳与伏羲、神农并列，我只能仰望，不能评论。"（按：这一小段论"先帝"的话，见于《魏书·崔浩传》，《通鉴》未采纳。其实，我们也可以看到崔浩论人物时的小心谨慎，谈及这样的人物，用语虽不无谄媚之嫌，却也可谓言之得体。）

拓跋嗣又问："你看赫连勃勃如何？"

答："赫连勃勃国家灭亡，家族不保，孑然一身，投奔姚氏受到接纳，封予土地，他不想应该如何报恩，而是趁着姚氏动乱割据一方，又与四周的魏、秦、凉等国结怨，这样一个突然蹦起的小人，纵然能够猖獗一时，终究会被人消灭。"

拓跋嗣很高兴，谈到半夜，赐崔浩御酒三十升，水精盐一两，说："我仔细听你的这些话，就好像喝这醇酒，尝此好盐，我要与你一起共享美味。"

但拓跋嗣仍然派了长孙嵩率精兵，自虎牢渡河，攻向彭城与沛郡。这时，不满刘裕的晋朝人士，纷纷北奔，向长孙嵩投降；未久，拓跋嗣就把长孙嵩召回。

胡三省读崔浩的这番话，在"出兵进攻彭城、寿春，看不出可以得到什么好处，不如等待情势的变化"这里，写了注语："用兵的时候，要深刻认识对手的主帅，也要深刻认识对手的将领，就是这个意思（凡兵之动，知敌之主，知敌之将，此之谓也）。"又在"就是留下军队据守，由于人们的风气、习俗不同，不可能成事，最后必然被他人所夺取"这句下面，写了"赫连勃勃之得到关中，崔浩已经预料到了（赫连之得关中，崔浩固料之矣）。"胡三省不仅讲到了预料的依据，也讲到了预料的成效。

　　义熙十四年（418），《魏书·崔浩传》中记了一件预测的事，《通鉴》未采。彗星出现天际，持续八十多天，拓跋嗣召群臣讨论，问道："今天天下未统一，各地有其统治者，这个天象，应验在哪个地方？我很担心，会不会是我们，大家尽己所知发表看法，不要有所隐瞒。"

　　群臣就推崔浩回答。

　　崔浩说："古人说，灾异之所以发生，由人而起。如果人不犯错，就不会有灾异出现。所以，人犯了错，天就显示出来。天有异象，自古以来都是如此。《汉书》记载王莽篡位之前，彗星出现，正与今天相同。我们国家，人们尊敬君主，臣下各尽其职，百姓也得到照顾，没有非分的念头，我看彗星的异象不是指向我们。南方的晋朝，国君很弱，大臣很强，这种情形已经很久了。所以，桓玄可以篡位，刘裕现在掌权。彗星，是一种不好的征兆，就是晋将灭亡，刘裕将篡的上天告示。"

大家都同意这样的解说。拓跋嗣也就释怀了。再过两年，刘裕果然篡晋自立，拓跋嗣对崔浩说："前年你对彗星的解说，已经应验，让我更是相信天道了。"

　　"彗星出天津，入太微，经北斗，络紫微，犯天棓，八十余日，至汉而灭。"应作何解？崔浩的答案全与人事有关。后来，魏太武帝拓跋焘时，南边诸将纷纷请求对宋用兵，崔浩不同意，除了陈述"天时"的五项说明，更是以"夫兴国之君，先修人事，次尽地利，后观天时，故万举万全"为主要理由，多少也可以看出人事与天时在崔浩心中的地位。此段记载见于《通鉴》卷一二一，宋文帝元嘉七年（430）。

　　《魏书·崔浩传》中有一段记载。崔浩从拓跋嗣游幸西河、太原。登上了高陵，走下了河边，在这片承载着古代文明的大地上，颇有感慨。于是和同僚论封建、郡县的是非，谈秦始皇、汉武帝的功过。这时，崔浩必然讲得意兴遄飞，他人则听之入迷，钦佩不已。寇谦之每次与崔浩谈话，听他讲古代治世如何如何，动乱又是如何如何，往往一讲就是整整一晚，不知东方之既白。寇谦之听崔浩谈论古代的人与事，都注意倾听，一点儿不懈怠，也一点儿都不觉得疲累。寇谦之又说："崔浩讲的这些，都很有价值，都可以施行，他就好像今天的皋陶。只是大家都习于佩服古人，轻视今人，不能对他有真切的了解。"这一段记载，说明了崔浩对古代人世事务的熟悉，可以讲出许多深切著明的道理。

　　崔浩预测未来，既说天道，更言人事。天道是一个可以运用的形式，因为星辰运行，举目可见，而天象之学，颇为精微，能言天道者，最足以服人。崔浩也就因天文而言人事，所谓"综核天人之际，举其纲纪，诸所处决，多有应验"（《魏书·崔浩传》）。但从上文所举的几件事看来，崔浩对世事之娴熟，明白人事的义理，方是他推知未来大势的主要依据。

世事、人事指何而言？简单说来就是古往今来典籍所记，即今天我们说的"历史"吧。崔浩熟知其事，更是深明其理，据以推断未来，得心应手，未尝失误。

然而，分析世事，推知未来，不是我们学习历史的主要目的与重要理由。但对主政者，或参与施政的官员们，以及有志于走上政治这条路的青年来说，这方面的知识仍是多多益善。道理很简单，政治是众人的事，对于世间的幽微知道得越多，人事的义理明白越深，就有了许许多多可资参考的信息，有的可以学习仿效，有的可以避免犯错，很有益处。就是对于未来的趋势发展，也多少可以有所感悟。

南朝宋文帝家书嘱其弟

南朝宋文帝刘义隆，在位时纪纲严明，物阜民丰，以"元嘉之治"享誉国史。元嘉六年（429），任其弟义恭为荆州刺史，总督荆、湘等八州军事，位尊权重，文帝写了一封信给他，载于《通鉴》卷一二一。

为了便于理解，用白话翻译如下：

恭弟如晤：

荆州是很重要的地方，你担任刺史职务，一定要尽力做好。天下的事，家国的事，都很复杂艰难，要做到不出差错已不容易。安定兴隆或濒于危亡，就看我们做得好不好，我们肩头所负职责十分沉重，怎么可以不戒慎恐惧，临渊履薄，深感难以负荷呢！

你的个性略显偏颇急躁，想要做的事就一定要做到，不想做的事拖拖拉拉，这个毛病最坏事，要想办法改掉。西汉卫青，贵为大将军，对读书人很客气，对士卒很爱护。春秋时期，西门豹性格急，设法让自己缓一下；董安于性子慢，设法让自己快一点儿。他们调整性情，做得都好。三国之时，关羽看不起手下文士，张飞不把士卒看在眼里，结果关羽为文士所卖，张飞为士卒所杀。所以，要做好事情，个性有偏，就得调整，以上都是明显的例证，足可借鉴。我的身体不好，一旦去世，太子年幼即位，你就是辅佐的重臣，就像周公辅佐成王，更要把事情做得合情合理。那时，天下安危，就决定于你们二人的作为了！

你在荆州，一个月用钱不要超过三十万，用得更少，则更好。荆州这个地方，我曾经驻守过，房舍楼台我都熟悉，西窗赏月、小楼听雨的情趣长在忆中，深知不需再添新的馆阁，屋宇也不需整修装潢。

审讯狱囚，如果判决不当，很难更改，必须谨慎从事。所以，不要随意做出决定，你不妨多听听臣下的意见，选取最高明的看法来判，大家还是会称赞你判得好。想怎么判就怎么判，好像自己很英明，这是最不可取的做法。

手里有许多名位、官衔，不要随便给人，尤其不可给身旁亲近的人。我对身旁的人有点儿吝啬，不够大方，但大家都不认为我做得不对。你的地位高，欺负地位低的人，地位低的人不会服气；你手中有权有势，就要别人怕你，别人也不会服气。这个原则你牢记心中，就不会犯了让人不服气的错误。

公余之暇，娱乐身心，悠游山水，不是坏事，但不要太过分。听听音乐，看看歌舞，登高望远，临溪垂钓，未尝不可。

但是赌博、酗酒、捕鱼、打猎，就必须禁绝。用于自身的花费，要有节制，时尚的服饰，新奇的用品，都不要追赶，尤其不可带领这方面的风潮。

要多多引见僚佐，见面很少，交往不多，关系疏远，无法产生亲密的感情；与僚佐之间没有感情，就无法得知他们心中的想法，很难从他们口中得到重要的信息；民众关心的事，也就无由得知，那么，地方怎能治理得好？

第一段谈的是责任。担任重要职务，首先想到的就是责任，地位愈高，权势愈大，责任也就愈重。责任的观念放在第一位，不是没有理由的。

第二段谈的是性情或性格，但是，文帝说"想要做的事就一定要做到，不想做的事拖拖拉拉，这个毛病最会坏事"。怎样的性情，怎样的做事态度才是正确的？我想，做应该的事，不做不应该的事，才是一个负有重责的人必须有的做事态度，也是负有重责的人在性情上需要有所矫正、修炼的地方吧。

第三段谈的是关于生活态度，强调的是节约俭朴，重点在于楼台馆阁，够用即可，不要增建；老旧房舍，能住即可，不需华丽。亭台楼阁，皆在众人眼前，不再增建修缮，是俭朴生活的最佳示范，地方官民也将勤勉不怠，生活节俭，摒除浪费，财力焉得不丰，实力焉得不强？

第四段谈的是关于审讯狱囚，主要是讲审讯狱囚时，主事者最好集思广益，择善而从；不要专断独行，自以为是。然而，我们看到文帝的两项理由，值得注意：一是，狱囚判定之后，很难更改，可见长官轻忽，每成冤案，遂使人民怨愤，有失民心。二是，长官若不嘱咐左右发言，官员必定不会主动提议。长官轻易判案，尽管不妥，属下心知却不会提醒，说不定还在看笑话呢；而断狱不明，就是施政的明显缺失。

第五段谈的是重要地方的最高长官，手中必有不少名位、官衔，可以随时随意赏赐属下，既可奖赏有功，也可笼络人心，若过于浮滥则必生流弊。文帝告诫必须谨慎，尤其不可赐给身旁亲近的人。身旁的人不是最应该施恩笼络的吗，为什么文帝特别叮咛不可？不妨想一想。身旁的人得到一些名义上的优遇，地位似乎陡然拔高，如果欠缺修养功夫，由于长官放纵，狐假虎威，营私舞弊的事也就层出不穷，必须未雨绸缪，严加预防。待属下严格，不是说属下可以欺负，要他们怕你。属下只是怕你，心中不服，欠缺尊敬，当然不是好的领导统御。

第六段谈的是关于闲暇的安排。公余之暇，调节身心，稍事游乐，当无不可，但一要知所节制，而且要有"正当性"，即摒除赌博、酗酒、捕鱼、狩猎等"不良嗜好"。文帝未曾言及的时间安排是什么？多读点儿书，增益知识。就像孙权劝吕蒙读书，吕蒙说军中事务甚忙，无暇读书，孙权说，我比你忙，我还读书，你也应该善于运用时间，读书益知，有所长进，庶几可以负起更大的责任。

最后，谈到与僚佐建立良好关系的重要性。地方长官与身旁的人有距离，身旁左右不把真实的意见反映给你，长官失去了知悉民情的重要渠道，与百姓之间有了隔阂，要把地方治理好，就困难多了。如何建立这个关系？方法简单，多多接触，一起吃个饭、喝个茶，虽然闲话家常，但也显示长官的重视与关心，必能换得属下的反馈。宋文帝的意思，重点是长官应多多请属下吃饭、喝茶吗？显然不是，重点应该是长官对僚佐要有真心的关怀，要用真情博得僚佐的感动，使这个执政团队紧密结合，发挥出最好的效率。

在这封信的后面，胡三省写了一条小注：仔细读读宋文帝的这封信，我们谈到南朝治世，首先想到元嘉时期，就知道理由何在了（详观宋文帝此书，则江左之治称元嘉，良有以也）。

胡氏所说的仔细读读，是要用心去读，最好要进入宋文帝心中，细细体会他写出每一要点时一再叮咛的深意，而此深意之中，又尽有处世的道理在焉。所以，胡三省可以把这一封兄长絮絮道来的信，联系到天下大治。当然，我们也可以想到，宋文帝对其弟义恭的要求，应该也是对朝廷官员的期盼，官员重视修养，表现良好，或许也可以说是元嘉之时天下大治的原因之一。

我们总结这封信的"处世之道"，可以归纳为：责任重大、态度认真、做事谨慎、生活俭朴、行为端正与待人亲和。这六项，非但可以说是官员治事的道理，也可以说是个人立身的准则。这六项非但是身负重任的人应该遵从，就是受过教育的人，似乎也应该信守。我们可以说，任何一个人，除非有着先天的障碍，都有责任在身，不论对自己、对家人、对工作、对社会，都应感到责任的重大。人人境遇有异，职责不同，所负责任同样重大，必须认真面对；性格偏颇，处事失当，必留憾恨。且说，人的一生，数十寒暑，瞬息即逝，为了不留憾恨，做任何事情，怎么可以马虎随便？我们也应该时时想到，当今世界，人口浩繁，资源有限，有人奢侈浪费，就有人衣食不周。俭朴的生活，非但有益身心，也有助于社会的永续发展。就个人而言，谨言慎行，端庄有礼，虽然没有什么大成就，但是受亲人友朋的敬重，得到好名声。与人交往发诸真情，待人以诚得人之助，更可以有所作为，贡献社会。

读《通鉴》中的这一封信，请多多发挥想象力，想象宋文帝的深意，也想象胡三省的感动。如果我们也为之动容，则更能得到读史的乐趣与益处。

兹附《通鉴》此信原文，谨供参照。

天下艰难，家国事重，虽曰守成，实亦未易。隆替安危，在吾曹耳，岂可不感寻王业，大惧负荷！

汝性褊急，志之所滞，其欲必行，意所不存，从物回改；此最弊事，宜念裁抑。卫青遇士大夫以礼，与小人有恩；西门、安于，矫性齐美；关羽、张飞，任偏同弊；行己举事，深宜鉴此！若事异今日，嗣子幼蒙，司徒当周公之事，汝不可不尽祇顺之理。尔时天下安危，决汝二人耳！

汝一月用钱不可过三十万，若能省此，益美。西楚府舍，略所谙究，计当不须改作，日求新异。凡讯狱多决当时，难可逆虑，此实为难；至讯日，虚怀博尽，慎无以喜怒加人。能择善者而从之，美自归己，不可专意自决，以矜独断之明也。

名器深宜慎惜，不可妄以假人；昵近爵赐，尤应裁量。吾于左右虽为少恩，如闻外论不以为非也。以贵凌物，物不服；以威加人，人不厌；此易达事耳。

声乐嬉游，不宜令过；蒲酒渔猎，一切勿为。供用奉身，皆有节度，奇服异器，不宜兴长。

又宜数引见佐史。相见不数，则彼我不亲；不亲，无因得尽人情；人情不尽，复何由知众事也！

一场战争尽显天理与人伦

　　南朝宋文帝为逆子刘劭（shào）所弑，武陵王刘骏在谋士颜峻、名将沈庆之等辅佐下，攻入建康，即皇帝位，是为孝武帝。孝武帝杀了刘劭等人，时为元嘉三十年（453）。驻守广陵的竟陵王刘诞，名声素在刘骏之上，颇为孝武帝猜忌，他也不无防备，借口魏人入侵，增修城池，加强防御，又聚集粮草，精炼武器。刘诞手下都知道他有异图，有人上告朝廷，孝武帝一方面宣布刘诞罪状，另一方面派人突袭广陵。突袭未成，战事遂不可免。时为宋孝武帝大明三年（459）。

　　孝武帝派大将沈庆之率军进讨，刘诞据城固守。刘诞一再讨好沈庆之，又是馈赠大量美食，又是请代为上表朝廷，均被沈庆之峻拒。其实，情势非常明显，刘诞名义不正，实力有限，必然不是朝廷对手。我们要看的是，《通鉴》如何记载此次无关胜负的战役。

　　孝武帝命令沈庆之在广陵城外建烽火台，克外城举一道烽火，克内城举两道，捉住刘诞，举三道。孝武帝的督促指示连续不断。沈庆之焚烧广陵的东门，准备各种攻城器械，但一直下雨，无法进攻。孝武帝非常急，久攻不下，他要御驾亲征，为大臣劝下。

刘诞不让朝廷使者进城，记室参军兼身旁谋士贺弼，劝他一定要与朝廷修好，他很生气，拔出刀来，贺弼也就不说了。这时，刘诞的军队出战必败，许多将佐都逃出城外，向沈庆之投降。也有人劝贺弼出城投降，贺弼说："刘诞举兵与朝廷为敌，这件事是不可以的；可是，刘诞对我很好，我不可以背叛他，以死明我心志是唯一选择！"于是就服毒自杀。刘诞手下的参军何康之，想要打开城门让官军进入，未能成功，他自己就冲出城外，投降了。刘诞很生气，把何康之的母亲绑在城墙的高楼上，不给食物，何母一直呼叫儿子，几天后就死了。刘诞以范义为左司马，范义的母亲、妻子都在城内，有人劝范义逃出，因为广陵必然无法守住。范义说："我是刘诞的属下，儿子不可以抛弃母亲，属下不可以背叛长官，如果像何康之这样而活下来，我是决不会做的。"

沈庆之率众攻城，身先士卒。先克外城，乘胜进击，又克小城。刘诞听说官军已攻入，跑到后花园，官军追及，他跳下池塘，有人把他捞起后，立即处斩；他的母亲与妻子都自杀了。

孝武帝听说广陵攻下，乘车出宣阳门，敕令左右高呼万岁。侍中蔡兴宗陪着，孝武帝问："为什么只有你不喊？"蔡兴宗说："陛下今天应该怀着悲痛的心情，哭着处理这件事，怎么可以高呼万岁呢！"孝武帝不高兴。

孝武帝下令，广陵城中的士人及百姓，无论年纪大小都杀死。沈庆之请求把年纪小的，像是身高不到五尺的留下，其余男子都杀掉，女子赏给军人。就这样孝武帝还杀了三千多人。长水校尉宗越处理杀人的事，先开膛破肚，挖掉眼睛，或者抽打脸面、肚皮，然后再处斩。宗越这么做，自己颇为得意。孝武帝又要把处死的人头颅割下，在石头城南岸聚为京观；侍中沈怀文劝谏，不听。

刘诞知道自己必败，要宦官吕昙济与亲信的人把世子刘景粹藏匿于民间，如果不行，想办法逃向他方，如果还不行，就把景粹深埋在地下。左右的人拿了金宝就跑走了，只有吕昙济带着景粹东躲西藏，十天后被捕，处斩。

蔡兴宗奉旨慰劳广陵，他与范义是好朋友，为范义收尸用棺木送回故乡豫章安葬。孝武帝对蔡兴宗说："你明明知道我下令杀这些叛徒，为什么还要违背我的旨令？"蔡兴宗对孝武帝说："陛下杀你的叛徒，我葬我的老友，有什么不可以！"孝武帝露出惭愧的表情。

这是一场无足轻重、胜负立判的战役，《通鉴》为什么要用一些篇幅来写它？因为战斗之外有值得一写的内容。是什么呢？我们不妨先问一个问题，以上内容是关于哪一方面的故事？关于政治、关于军事、关于人伦，还是关于杀人？我想我们可以很容易回答，这是一个关于"人伦"的故事。在这个故事之中，一句话，最能呈现问题的本质？"子不可以弃母，吏不可以叛君";"陛下今日正应涕泣行诛,岂得皆称万岁";"陛下自杀贼,臣自葬故交,何不可之有"。我想,大家很容易就会选第一句话,因为这句话最为明显,把父子、君臣两伦的关系说得明白透彻。第二句指出君臣与兄弟两伦,第三句则包含君臣、兄弟与朋友三伦,但都没有清楚明白地说出"不可以"。由于第一句太明白了,读了都能理解,胡三省也就不再加以注释。第二句,胡三省说:"兄弟互相残杀,是天理人伦上的大悲剧,如果必须以大义灭亲情,应该一面流泪一面执法才对啊(谓同气相残,乃天理人伦之变;必若以义灭亲,应泣涕而行诛也)。"第三句,胡三省说:"兄弟、朋友是人伦中的两伦,蔡兴宗能不忘老友,而皇帝忍心杀弟,所以感到惭愧(兄弟、朋友,皆天伦也,兴宗能不忘故交,而帝忍诛屠同气,故惭)。"胡三省读的重点显然与我们不同,我们把孝武帝杀刘诞视为君王杀叛臣,胡氏则对兄弟一伦更加重视。

我们在这段文本中,看到的人伦关系,不只是上述的三事。贺弼的话:"刘诞举兵与朝廷为敌,这件事是不可以的;可是,刘诞对我很好,我不可以背叛他,以死明我心志是唯一选择!"就是我们第一个读到呈现出"人伦"故事的场景。当然,贺弼所遇到的困局,只限于君臣一伦,他选择了以死明志。刘诞知道败迹已明,交代吕昙济保护世子,吕昙济虽然未能完成使命,然也忠于君主,展现了忠君的一面,也为君臣故事添一壮举。

然而,我们看到孝武帝的作为也为"君臣"一伦立了坏榜样。朝廷攻克广陵城,他居然下令城中士人百姓,不分老少全部杀掉；沈庆之求情，也只保有五尺以下的幼童少年。他还命令在石头城南岸把所杀之人的头颅筑成京观，沈怀文劝谏，他也不听。胡三省读到这里，写下：“史书记下这些，表示皇帝身旁有正人君子，只是君主不听劝谏，谏言未被接纳（史言当时近侍皆正人，但谏不行、言不听耳）。”对孝武帝的批评是十分明显的。

宋孝武帝是怎样的人？极其庸劣昏暴吗？不是的，《通鉴》记载：“上（孝武帝）为人，机警勇决，学问博洽，文章华敏，省读书奏，能七行俱下，又善骑射，而奢欲无度。”看来应是聪敏果敢，允文允武，只是生活奢侈，欲望很大而已。我们可以想想，这样一个人，欠缺了什么？——“德行”在他身上是看不到的，人伦也就不为他所重视。

这一场无足轻重的小战役，历史书写偏于“人伦”的描述，“人伦”的核心应该是什么？——内在性情。性情是道德的根本，唯有修心养性，有了内在的力量，方能做出合乎“道德”的决定，展现“道德”的勇气，蔡兴宗的作为就是一个例子。

如果，强调“神入”（或作同理心）在理解史事上的重要性，我们读到这段文本，便会设身处地体会这些人物的内心活动。我们知道他们做了什么，感受到他们为什么要这样做，也看到了他们毅然做出或是让人敬佩或是令人不齿的决定时的人生抉择。或许有一天，我们面临人生际遇的必要抉择，有了一些参考故事，学何康之，还是学范义，就会让我们多想一想，人的一生意义何在，而不是随着大潮，与世浮沉。

齐梁之际，萧衍褒扬忠良

　　齐和帝中兴元年（501），萧衍起兵已三年，且进占石头城。齐东昏侯先击败陈显达，又将声势甚盛的崔慧景击溃，以为好运还会降临，可以再败萧衍，故仍然嬉戏不已，又惜金钱不肯赏赐，城中之人都知道败亡已在且夕。于是，东昏侯左右伺机动手弑君，将其首级以黄油包裹，送至石头城。《通鉴》记载其后的发展，我们可以看到书写重点何在。

　　东昏侯首级送至石头城萧衍处，同时呈上一份宰相王亮领衔官员们签署效忠的文件。签署之时，右卫将军王志叹了口气说："帽子虽然破了，总不能踩在脚下（冠虽弊，何可加足）！"摘了一片树叶用手搓碎吞下，假装晕倒，就没签字。萧衍看了联署书，没见到王志的名字，心里是嘉许的。早些时候，萧衍进兵至新林，朝中的官员已纷纷遣人送礼示意归附，王亮不送。萧衍见到王亮说："朝廷即将颠覆，无以挽回，这个宰相有什么用（颠而不扶，安用彼相）！"王亮答："如果那个朝廷可以扶持，哪会有今天您的举兵入朝呢（若其可扶，明公岂有今日之举）！"萧衍也没生气，可见也是同意的。

早些时候，萧衍举兵东下。豫州刺史马仙琕不附，萧衍派马仙琕的故人姚仲宾前去游说。马仙琕先请姚仲宾喝酒吃饭，再斩于军门。萧衍又派他的族叔马怀远去游说，马仙琕就要"大义灭亲"，军中的将士再三劝阻才罢手。萧衍进军至新林，马仙琕还截抄萧衍的粮船。

萧衍进兵围城，各地长官遣使表示效忠，吴兴太守袁昂拒绝归附。萧衍吩咐江革写信劝袁昂，江革写道："京城将失陷，地方无所附，你一心为昏君尽力，不能说是忠；你家门遭屠灭，不能说是孝。如果你弃暗投明，可以自求多福！"袁昂回信，写道："三吴地区，不是用兵的地方，何况吴兴一地，更没什么力量。萧公大军所至，各地纷纷投诚归附，只有我一人不争着前往。只是因为我平平常常，乏善可陈，就是想献上什么，也无以增添大军的光彩。幸而将军宽宏大量，没有怪罪。我又以为既然受到任何一点儿好处，都要记得，何况身为官员，受朝廷俸禄，怎么可以立即背弃，非但为公论所不许，也为将军所不齿。这也是我犹豫再三，迟迟未向萧公投诚的缘由。"

袁昂曾经向傅映请教时势，傅映说："当年刘宋元嘉末年，太子刘劭弑逆，您的祖父袁淑遇害。您的父亲袁颛为了国家，支持晋安王子勋，举兵失败，宋明帝刘彧方能即位。今天，齐的国君昏劣暴虐，改正无望，萧衍自上流举兵，多少呈现天意所在。请您好好想一想，不要将来后悔。"萧衍进入建康，派李元履巡视东方各地，特别对他说："袁昂出身高门，世代有忠节之士，天下的人都很尊敬，你去了不可以用兵威恐吓他。"李元履到了吴兴，传达萧衍意旨。袁昂也不请降，只是把城门打开，守备撤除而已。

马仙琕听说萧衍进入建康，哭着对将士们说："我受人任用，守此城池，不可以投降，你们都是有父母需要奉养。这样吧，我做忠臣，你们做孝子，好吗？"就将城内大多数将士遣出投降，只留壮士数十人，闭门坚守。不久，大军入城，围了几十圈，马仙琕命令士卒弓箭拉满，萧衍的士兵都退了回去。天黑了，马仙琕叹了一口气，把弓丢在地上，说："你们来捉我吧，我是不投降的！"于是用槛车把他送到石头城，萧衍立刻把他放了，叫人把袁昂也请入，说："我要天下人看看这两位'义士'"。还对马仙琕说："过去管仲射向公子小白，箭中带钩；后来齐桓公（即公子小白）不追究，还用管仲为相。重耳翻墙逃亡，寺人披用刀砍下他的衣袖，重耳回晋，宽恕了寺人披，寺人披也为他尽力。这些都是昔日人们称赞的事，你不要为了杀使者、截粮船的事而担心（射钩、斩祛，昔人所美，卿勿以杀使断粮自嫌）。"马仙琕说："我就像失去主人的狗，后来的主人饲养，我就为他尽力（小人如失主犬，后主饲之，则复为用矣）。"

我们可以看到，《通鉴》记载萧衍入主建康之初，以褒扬四位忠于故国的文臣武将为重点。这是司马光或主要助手刘恕的卓识吗？应该不是，因为在《南史》之中即有所记述。如果我们再问，那是正史撰者，不论是《南齐书》的萧子显、《梁书》的姚思廉，或《南史》的李延寿，刻意选取的书写要点吗？也许是的，但何以选取这样的内容，我们不妨稍加思考。这四个故事，在当时人物的作为中最为突出，而且最为感人。在大批官员见到国君嬉戏，朝政紊乱，知道萧衍必将成事，纷纷表态支持之际，居然有四位官员不跟随潮流，不遣使、不送礼、不签署，甚至以武力展示忠于职守的决心，难道他们不知道天命已移，未感到齐国必亡，不以为萧衍可以登基称帝？这是不可能的，这就像王亮所说："身为官员，受朝廷俸禄，怎么可以立即背弃。"这是在艰难的境遇下所做的选择，是合乎做人道理、人伦道德的决定，当然冒着相当的风险，必须有坚强的意志，才能有这样的表现。

我们很清楚，这一段文本最主要的书写对象是萧衍，是对萧衍的赞扬与肯定；萧衍"褒扬忠良"的作为，可以成为有权有势者效法的榜样，因为它符合社会期望的政治风气，也是人们向往的社会道德。再看一下这四位受到萧衍褒扬的人物，我们要问：只是因为他们做了甘冒风险的艰难选择，得到新朝国君的称赞，而留名青史吗？史家不会同意，史家会说，史书一卷所记，必然是其人之言行才德所呈现的品格值得一记；某人的一项作为或表现，只是反映其人品风格的一个片段而已。因之，史家记下王志、王亮、袁昂、马仙琕四人的表现，应该也是着重其人的能力德行，不只是这一件风骨凛然的事而已。《通鉴》限于篇幅与体例，我们读到的人物事迹不如正史为多，若想多知道四人的人品风格，还是翻翻正史。我们可以从《南史》中，多看到一些事情，大可添增我们的认识。

王志是王僧虔的儿子，王昙首的孙子。二十岁选尚宋孝武帝女儿，为驸马都尉。褚渊为司徒，引他为主簿。他对父亲说："朝廷恩惠给予特别表现的人，以彰显他的贤德。"他担任宣城内史，施政宽和，民受其惠，示民以德，息民纷争。梁时，任丹阳尹，为政清静。城里有一寡妇无子，婆婆过世，举债办理后事，无钱偿还。王志知悉，用俸钱为其偿还，以表扬她的义行。王僧虔一门，家风宽恕，王志尤其敦厚，从不责罚人。兄弟子侄都以笃实谦和见称，他们一家住在马粪巷，当时说：马粪王家都是长者（见《南史》卷二十二）。

王亮也是出身于琅邪王氏，宋末选尚公主，拜驸马都尉。担任晋陵太守，清静廉洁，公正宽和，声望颇高。齐末政事混乱，王亮居朝任官，只能苟且应付，无所作为。东昏侯胡作非为，他也视若无睹，只求自保。然而到了梁朝，虽然仍居高位，却也是虚与委蛇，甚至元旦朝会，他假托生病，不登殿行礼，却在官署设馔燕饮，谈笑自若。显然他在齐末无法表现，在梁初却不想表现。梁武帝萧衍设宴群臣，要听听直言。范缜就说："谢朏（fěi，谢弘微孙）有虚名，陛下拔擢；王亮知为政，陛下弃之，我不知道何以如此。"梁武帝很不高兴。我们从范缜的话可知王亮是公认可以做事的人，到了梁朝他却不愿有所表现，原因何在呢？不妨想一想（见《南史》卷二十三）。

袁昂是袁颛之子，袁颛在政争中失败，时袁昂五岁，藏于佛寺，得到僧侣庇护，直到赦免才离开。袁颉死，首级放在建康的武库，并漆上了名字。袁昂十五岁，见到父亲的头颅，哭至吐血，以泪洗漆字，都洗掉了，当时人说，这是孝心所感。袁昂仪表极佳，没人比得上（容质修伟，冠绝人伦）。他与堂兄袁彖去见堂叔袁粲，袁粲说："袁昂幼时丧父，能做到这样，可以说今天的地位与名声都有其依据（昂幼孤而能至此，故知名器自有所在）。"袁昂在齐，任职王俭手下，王俭任丹阳尹，召见袁昂，说："将来你必然居于此地，任此要职。"建康易手，梁代齐鼎，袁昂举哀恸哭。梁朝时，武帝颇加重用，任为吏部尚书，对他说："齐明帝时，你当尚书，头发还是黑的，今天当尚书，头发都白了。我比不上齐明帝啊！"袁昂说："我今年四十七岁，四十岁以前，生命是我自己的，这七年是陛下给的，七岁就当尚书，不算晚吧。"梁武帝说："一个人的名气不会是白白就有的（士固不妄有名）。"袁昂有知人之誉，交友很挑剔，能够进入袁家，被视为登上龙门。后来任为司空，卒年八十岁。临终遗嘱，不受赠谥，不立行状、墓志铭，一切从简。诸子上表陈奏父亲遗愿，诏不许，谥穆正公（见《南史》卷二十六）。

马仙琕事附于袁昂传后，《通鉴》所载，几乎全部录自该卷。《南史》在其后加上："萧衍听了，笑着称赞。"没多久，马仙琕母亲死了，萧衍知道他很穷，给了不少钱帮他办丧事，仙琕哭着对弟弟说："承蒙皇上赦免，有再生之恩，还未报答，今天又得到极大的恩宠，我与你应该尽心尽力报效朝廷。"后来，每次战斗，马仙琕表现最佳，与诸将议论，从不说自己的战功，别人问他何以不谈，他说："大丈夫得到皇上的赏识，应该进不求名，退不逃罪，我只希望做到这一点，有什么功劳可以夸耀？"马仙琕或带兵作战，或平素在营，与士卒同甘苦、共劳逸，衣着俭朴，住室无帘幕，饮食与士卒厮养无异。在边境时，经常只身潜入敌境，侦察壁垒险要等处所，攻战多能制胜，士卒也肯为他效死作战，梁武帝很赏识也很倚仗他。

宇文泰与苏绰的完美合作

一、治起于乱——物盛而衰，固其理也

北魏孝文帝的汉化运动，是中国中古历史的大事。孝文帝把国都从僻处塞上、气候苦寒的平城迁至位居中原文化昌盛的洛阳，经由对外贸易交流，洛阳于是繁华无比。

《通鉴》记：魏朝几代强盛，东夷、西域各国的朝贡没有断过，又与南方互市贸易，朝廷库藏充盈，十分富裕。宗室及有权有势的大臣，互相比赛，看谁最为奢华。高阳王拓跋雍财富排名第一，他的居室庭园，华丽程度比得上宫苑。他有僮仆六千，歌伎五百。出门时卫士仆从塞满道路，回来时歌声吹奏不分日夜，一顿饭要花上几万钱。河间王拓跋琛不甘示弱，要与高阳王争，看谁最富有。他有骏马十多匹，马槽用银打造，每扇窗户，装饰讲究，风铃是用玉雕的凤，帘钩是用金子打的

龙。他宴请诸王，酒器有玻璃、玛瑙、红玉做的，极其名贵，不是中国本地生产，都是外国进口的精品。宴饮时女子奏乐助兴，演奏水平极高。吃完大餐，参观库藏，进入仓库，见到堆满了金钱，装满了丝绸锦缎，多到数不清。（梁武帝天监十八年，519年）胡三省读了，不无感慨。写道："物盛而衰，固其理也。史言魏君臣骄侈，乃其衰乱之渐。"

北魏的衰乱来自"六镇"。六镇原是为了防范北方游牧民族柔然而设的六个大兵站，由于地近平城，实力雄厚，六镇镇将皆由朝中有权有势者出任，具有左右朝政的力量，也是大族联姻结亲的对象；至于戍防士兵，大多是拓跋氏本族成员，或汉族强宗子弟，地位不低。然而，迁都洛阳之后，情势大异，六镇地位陡降，镇将多系失势者充任，更非争取联姻的对象，即所谓"婚宦失类"。而朝廷更把罪犯充去戍边，将士地位大为降低。况且官吏贪残，镇民饱受欺凌，生活至为艰辛，不论胡人汉人心中积怨颇深。此时残破败坏的六镇与富丽奢靡的洛阳形成强烈对比，一个国家出现两种截然不同的情景，动乱就难以避免了。

二、乱世英雄——高欢与宇文泰崭露头角

平城有一个出身怀朔镇的工人，名叫高欢，富家女娄氏看上了他，非他不嫁。成婚之后，高欢才有马可骑，还在官衙补

了一个送公文去洛阳的职务。有一次去洛阳，遇上一场乱事，起于张仲瑀上书建议修改选官的规格，而将武人排除在外，不列于清品。于是，羽林、虎贲近千人，至尚书省诟骂，又冲至张仲瑀家，殴打其父征西将军张彝及其兄左民郎中张始均，两人因之丧命。朝廷的处理，只是找了八个人抵罪，其余不再追究，还行大赦，令武官可以依年资入选。《通鉴》记"识者知魏之将乱矣"，高欢就是"识者"之一，他回平城后，拿出钱财结交豪杰，俨然形成一股力量。

六镇乱起，高欢等人先从柔玄镇人杜洛周，后杜洛周被葛荣所杀，部众为葛荣所并。葛荣有众数十万，号称百万，横行河北一带，屠杀掳掠。此时，尔朱荣兴起，拥有部落八千余家，马数万匹，高欢与侯景、贺拔岳等人纷纷投靠，兵势强盛。魏孝明帝怨胡太后专权，密令尔朱荣率兵入洛，尔朱荣以高欢为前锋，进入洛阳，杀胡太后及魏百官两千余人，元氏魏朝实际已亡。

此时，葛荣大军南下，在邺城北为尔朱荣所破，葛荣手下的武川镇人宇文泰亦归尔朱荣。尔朱荣对高欢甚为赏识，曾问众人："如果我不在，何人可以为主？"

众人都举其侄尔朱兆。

尔朱荣说："他只能带三千骑兵，能够取代我率领众人的只有高欢。"

并对尔朱兆说："你不是高欢的对手，只能为他做事。"

尔朱荣死，尽管兵力大多由尔朱氏掌握，识者皆知已非高欢对手，后来果如所料，高欢剪除反对力量，完全控有关东之地。

宇文泰背景应为匈奴宇文部，先人是南单于的远属，居于辽东，长期与鲜卑慕容氏对峙，至宇文逸豆归为慕容皝所败，远遁漠北，部众为慕容皝安置，逐渐散去。宇文泰出身武川镇，六镇起事，先在葛荣军中，后归尔朱荣，为贺拔岳别将，再随贺拔岳入关中。贺拔岳死，为众人推举，理由是："（宇文泰）英明与谋略无人能及，人们打心中佩服。他做事赏罚严明，军士乐于效命，如果举他为主，可以做一番大事（英略冠世，远近归心，赏罚严明，士卒用命，若迎而奉之，大事济矣）。"宇文泰此时年仅二十七岁，众人佩服，遂能掌握关中，与关东的高欢形成西东对峙之局。

三、英雄相见——宇文泰会面高欢

史书记宇文泰初入关中，前往晋阳见高欢一事。

先前，贺拔岳派行台郎冯景到晋阳见高欢，高欢听说贺拔岳的使者来了，很高兴，说："贺拔岳还记得我啊！"遂与冯景歃血为盟，约为兄弟。冯景回到长安，对贺拔岳说："高欢这个人奸诈有余，不可相信。"这时宇文泰任府司马，请求出使晋阳，也去见一下高欢，看他是一个怎样的人。高欢第一眼见到宇文泰，说："这个年轻人，眼神与常人不同。"（《通鉴》

记："此儿视瞻非常。"《北史·周本纪·太祖文帝》记："此小儿眼目异。"）想把他留下，宇文泰一再请求让他回去，（《通鉴》："泰固求复命。"《北史》："帝（宇文泰）诡陈忠款，具托左右，苦求复命，倍道而行。"）高欢答应了，但立刻又后悔了，急派人去追，而宇文泰已经出关。胡三省注："项羽不杀刘邦，曹操放走刘备，桓玄容下刘裕，都是一类的事。有天命的人，别人是杀害不了的（有天命者，固非人之所能图也）。"

这个故事非常精彩，值得谈谈。

首先，两人见面的第一眼，看到了什么？之前，高欢必然知道宇文泰，而宇文泰更是久仰高欢。高欢见到一个立即吸引住他的目光，甚至让他心中一惊的年轻人，看看他的表现吧。宇文泰也见到了一个同样让他一惊的人，不是这个人的气势神情让他惊讶，而是立即感到自己处境危险，必须设法化解。因为他见到一个极其厉害的人物，不是"奸诈有余"所能涵括。所以，他的办法就是讲一些阿谀谄媚的话，还请大家帮帮他，一方面松懈高欢君臣的警戒心，另一方面，让高欢改变想法，觉得这个人也很平常。宇文泰显然从高欢的眼神中读出了高欢的警觉。结果是，高欢一时果然被糊弄了，觉得此人不如初见时那样让人惊艳。但是，高欢一直不放心，等他回过神来，知道被瞒过了，立刻明白了，但也为时已晚了。

其次，冯景代表贺拔岳前来，高欢十分高兴，表示贺拔岳在高欢心中有其地位，也是当时的一位重要人物；高欢与冯景歃血为盟，当然为的是结好贺拔岳。贺拔岳不听宇文泰的规劝，误信侯莫陈悦而被杀，众人推举这位高欢眼中的小儿接替贺拔岳，可知宇文泰固然没有贺拔岳的声名，但能力谋略方面，反而是出乎其上，是让人放心的。

第三，我们看看胡三省说了什么？胡氏认为宇文泰逃过一劫，是由于天命。这个解释可谓虚玄，只能说是胡氏的表述手法。我相信胡氏读到两人见面的那一刹那，或已体会到了上文描述的情景。

闻一多说："我们该当品三通画角，发三通摧鼓，然后提起笔来蘸饱了金墨，大书而特书。因为我们四千年的历史里，除了孔子见老子（假如他们是见过面的），没有比杜甫与李白的会面，更重大，更神圣，更可纪念了。"（**闻一多：《唐诗杂论》**）我觉得，宇文泰与高欢的会面，至少也可以品一通画角，发一通摧鼓，大书而特书。因为南北朝历史里，没有比这两人的见面更精彩了。

贺拔岳死，高欢觉得有机会招抚其部众，就派侯景前往，伺机行事。到了安定这个地方，碰到了宇文泰。宇文泰对侯景说："贺拔岳虽然死了，我宇文泰还在，你来做什么！"侯景脸色大变，说："我只是人家手上的一支箭，他要射向哪里，我就跑去哪里。"胡三省读到这里，写下："英雄人物的精神气势与言行举措，必有与常人不同的地方，以侯景这个人的凶悍狡猾，宇文泰一句话就让他低声下气，哑口无言，是有道理可说的（英雄之姿表与其举措必有异乎人者。以侯景之凶狡，宇文泰一语折之，辞气俱下，良有以也）。"请问：胡三省看到了什么？他看到了一位真正的英雄人物，一位年纪虽轻，却气势盈溢的英雄。

四、殚精竭虑——面对险峻情势的宇文泰

但是，这位英雄的处境极艰困。宇文泰据关西，民贫兵弱，势力远不及高欢。近代史学大师陈寅恪有一段描述，非常重要也十分著名，经常为人引述，他说：

> 宇文泰凭借六镇一小部分之武力，割据关陇，与山东江左鼎足而三。然以物质论，其人力财富远不及高欢所辖之境域，固不待言；以文化言，则魏孝文以来之洛阳及洛阳之继承者邺都之典章制度，亦岂荒残僻陋之关陇所可相比。至于江左，则自晋室南迁以后，本神州文化正统之所在，况值梁武之时庾子山所谓"五十年中，江表无事"之盛世乎？故宇文氏苟欲抗衡高氏及萧梁，除整军务农、力图富强等充实物质之政策外，必应别有精神上独立自成一系统之文化政策，其作用既能文饰辅助其物质即整军务农政策之进行，更可以维系其关陇辖境以内之胡汉诸族之人心，使其融合成为一家，以关陇地域为本位之坚强团体。此关陇文化本位之政策，范围甚广包括甚众，要言之，即阳傅《周礼》经典制度之文，阴适关陇胡汉文化现状之实而已。（陈寅恪：《隋唐制度渊源略论稿》）

陈先生从宇文泰的处境说起，写出了宇文泰心中时时刻刻挥之不去的重大忧虑，于是在制度上有所创建；以继承周文化为目标，团结胡汉；以《周礼》为名义，附会解释，府兵制就是一个明显的例子。陈著刊布后，"关陇文化本位政策""关陇集团"等名词，就成了谈论隋唐历史绕不过、避不开的重要概念。制度固然重要，政策亦有其不容忽略的影响力，陈著限于题材，未做讨论。

政策的拟定与执行，需要人才，关西地区久经战乱，文化落后，人才尤关紧要。汾州刺史苏让赴任，宇文泰问："你们家族中，有谁可以任官？"苏让推荐他的堂弟苏绰，因为苏绰"少好学，博览群书，尤善算术"，宇文泰就召苏绰为行台郎中，但未予重用。可是，台中官员都知道这个人知识渊博，能力很强，有什么疑难的事，都向他请教。一天，宇文泰与"仆射"（朝中职位最高的）周惠达谈事情，周惠达提不出好意见，说："我去问一下再禀报。"他去问了苏绰，回来报告，宇文泰很满意，问他："谁帮你出的主意？"周惠达说："苏绰。"又说，这个人能力极强，大可任用。宇文泰就把苏绰升迁为著作佐郎。

有一天，宇文泰带了一伙人去昆明池看捕鱼。宇文泰看到许多地名都是"××仓"，就问，为什么都叫"××仓"。左右答不出来，他就把苏绰找来，苏绰说，汉代这些地方设了许多粮仓，就以仓为地名。宇文泰很满意，接着问了一些汉代的事，苏绰的解说更让他满意；就扩大问题，既问古代历朝的兴亡，又问自然万物的变化，苏绰的回答切中要点，条理分明。泰、绰二人，骑在马上，一问一答，缓步徐行，不觉到了昆明池。宇文泰说还有事情想要谈，就回驾府中。宇文泰先是躺着听苏绰的陈述，听着听着，坐了起来；再问再听，更是挺直了腰，整理衣饰，恭恭敬敬，认真聆听。胡三省说："苏绰讲的，正是宇文泰想要知道的，愈听愈敬佩。"（绰之言有以当泰之心，久而愈敬也。）

宇文泰的态度何以有如此明显的变化？先是听苏绰讲有意思的事，躺着不妨；接着问了较重要的事，听来很有道理，必须坐起来；再问最重要的事，没想到苏绰居然心中已有规划，不疾不徐，娓娓道来，焉得不挺直腰杆，认真聆听，甚至身体前倾，生怕漏了什么。

苏绰讲些什么，如此吸引宇文泰？《通鉴》记："指陈为治之要。"《北史·苏绰传》记："指陈帝王之道，兼述申韩之要。"《通鉴》做了删节，致使意思模糊，不如《北史》明确。不过，"帝王之道"指何而言？应该不是做帝王应该懂得的道理。而是指"二帝三王之道"，二帝指尧与舜，三王指夏禹，商汤，周文王、周武王；也就是"尧舜禹汤文武之道"，是儒家描述的先王治绩，也是人们追求的理想世界。至于"申韩之要"，应指法家强调的治术，讲求治理的方法与成效。我们可以说，苏绰的意思是以法家刑赏必罚、重视效率的做法，达到儒家化民成俗的治理目标。附带一言，《通鉴》编者司马光等，不喜王安石之重视用法，或许是此处删去"申韩之要"的缘由。

宇文泰、苏绰君臣谈着谈着，不觉东方之既白，宇文泰对周惠达说："苏绰很了不起，我要重用他。"于是升了苏绰的官职，其参与军国大事的谋划，深得宇文泰的信任。《通鉴》记："苏绰，性忠俭，常以丧乱未平为己任，荐贤拔能，纪纲庶政；丞相（宇文）泰推心任之，人莫能间。或出游，常预署空纸以授绰；有须处分，随事施行，及还，启知而已。绰常谓'为国之道，当爱人如慈父，训人如严师'。每与公卿论议，自昼达夜，事无巨细，若指诸掌，积劳成疾而卒。泰深痛惜之。"（梁武帝中大同元年，546年）即记苏绰的处世态度与风格，以及宇文泰倚重之深。

五、《六条诏书》——行政官吏的新经典

苏绰为宇文泰规划了怎样的重大政策？范文澜的《中国通史简编》中有精要的记述，录于下：

> 535年，宇文泰重用苏绰，制定计账（预计次年徭役的概数）、户籍制度。奖励清廉，厚赏河北太守裴侠；严禁贪污，宇文泰的内兄王超世犯贪污罪，依法处死刑。541年，宇文泰改革政治，讲求富国强兵的方法，苏绰赞成他的主张，建议减官员，置正长，并行屯田制以补充军资。苏绰又作《六条诏书》，一、先治心，二、敦教化，三、尽地利，四、擢贤良，五、恤狱讼，六、均赋役。宇

文泰完全采纳苏绰的建议，令百官都得诵习《六条诏书》。州刺史郡守县官不通六条及计账法，不许做官。又设学校，选取小官做学生，白天治公事，晚间入学校讲习。官门外放置纸笔，让士民论时政得失。西魏政治显然比东魏好一些，宇文氏政权开始趋于巩固。

范文澜的叙述，三次提及《六条诏书》；钱穆的《国史大纲》第十七章"北方政权之新生命"也有相当篇幅的描述，亦录于下：

西魏宇文泰虽系鲜卑（自注：或匈奴），然因传统势力入关者少，更须急速汉化。苏绰（自注：少好学，博览群书）、卢辩（自注：累世经学。魏太子及诸王皆行束脩礼受业，叔父同，注小戴，辩注大戴）诸人，卒为北周创建了一个政治规模，为后来隋、唐所取法。将来中国全盛时期之再临，即奠基于此。

绰依《周礼》定官制，未成而卒，辩续成之。（自注：西魏正式依《周礼》建六官，在恭帝三年。同修者有崔猷、薛真。）

苏绰的《六条诏书》，一、先治心（自注："治民之本，莫若宰守。治民之体，先当治心。其要在清心，次在治身。躬行仁义、孝悌、忠信、礼让、廉平、俭约，继之以无倦"），二、敦教化，三、尽地利，四、擢贤良，五、恤狱讼，六、均赋役。悬为当时行政官员的新经典。文长数千言，周主常置座右，又令百官诵习。绰又制文案程序，朱出墨入，及计账户籍之法。（自注：此如汉初张苍为计相事，隋室之盛即本此）牧守、令长，非通六条及计账者，不得居官。

官吏在政治上的责任，现在又明白地重新提出。

范文澜与钱穆均为精熟传统学术的现代史学大师，故对苏绰的《六条诏书》十分重视。相对看来，当前历史学者似乎偏重制度的讨论，轻忽政策的意义，王仲荦《魏晋南北朝史》为学界推崇之"新断代史"，书中虽见苏绰其名，仅于述及田租与户调时偶一出现，完全不提《六条诏书》，即其一例。

六、移风易俗——先治心、敦教化、尽地利

《六条诏书》见于《北史》与《周书》之《苏绰传》，是一篇三四千字的长文。

首言"治心"，指地方长官的心必须清澈，无一己私欲，事事为民着想。"凡是要治好民众的事，长官先要把自己的心治好，心主宰着身体，是思想行为的根本。心不清静，就会想些胡乱的事，心中乱想，就见不到道理所在，所作所为就错误百出。长官做不了正确的判断，怎么能够治理百姓？所谓清心，不是说不贪财物而已，还要心中清澈安和，思虑端正平静。"

（凡治民之礼，当先治心。心者，一身之主，百行之本。心不清静，则思虑妄生。思虑妄生，则见理不明。见理不明，则是非谬乱。是非谬乱，则一身不能自治，安能治民也？是以治民之要，在清心而已。夫所谓清心者，非不贪货财之谓也，乃欲使心气清和，志意端静。）

"治心"之外，苏绰又说道"治身"，地方长官是平民百姓的表率、榜样；是人们注目的焦点，学习的典范。所以，地方长官要"心如清水，形如白玉"，就是心思如清水之明澈，行为如白玉之无瑕，虽然手握实权，所作所为，从不为己身考虑，不受利欲污染。如何做到呢？"躬行仁义"，要有慈爱之心，做应该做的事；"躬行孝悌"，遵守家庭伦理，敦亲睦邻；"躬行忠信"待人诚恳，言而有信；"躬行礼让"，谦逊有礼，与人无争；"躬行廉平"，廉洁自守，处事平允；"躬行俭约"，生活简朴，不求享受；"继之以无倦"，时时砥砺，力求做到；"加之以明察"，不时反省检讨，精进不已。

我们从苏绰一再用"躬行"这个字眼可以看出，他对官员的要求力度很强，要官员认清行政责任的重大，个人形象的重要，必须全力以赴，不容松懈；而且时不我与，不容拖延，要克期达成，有其急迫性。

《六条诏书》的第一条，可以看作苏绰为宇文泰设计，颁给全国地方长官必须切实执行的道德命令。

第二条是"敦教化"，写道：人们的性情是可以改变的，性情浮薄，则风气衰敝，天下就乱；性情质直，则习俗醇和，天下就治。自古以来的兴衰治乱，都是出于人们性情的趋向。大乱已有二十年，人们不见道德，只知战事；统治者不重视教化，只是用刑罚。今天，百姓生活已渐渐安定，可以注重教化了。地方长官必须重视此事，传达朝廷旨意，做好有关工作。这些工作包括：奖励淳良善行，促进社会和谐，讲解道德观念，示范俭朴生活。民众在地方长官的引导下，真诚善良的本性，日见发展；邪恶贪欲的念头，逐渐消去。这时，教导民众孝悌，使人展现慈爱天性；教导民众仁顺，使人和睦相处；教导民众礼义，使人知道相处规矩。做到这三点，就是达到"王道"的目标，也就是先王移风易俗、垂拱而天下治的方法，这是政治上紧要的道理。

第三条是"尽地利"，有云：一年之初，地方长官就要告诫百姓，不问老少，只要拿得动农具，就要依照时令从事生产。完成播种，整理秧苗，等待收成，每一个环节，不分老少，不别男女，都要尽力。就像有人落水，要赶快救起；如屋子失火，要全力灌救；有盗贼来犯，要并力抵御。如果游手怠惰，好逸恶劳，不勤于农事，必定加以处罚，以儆效尤。

我们看到，苏绰不只是为地方长官规划了应有的行事风格，也为农民拟定了必须遵照的生产守则。两者同样强调了每一个人都有必须做好事情的责任心，也同样显现了必须即刻执行、不可稍有迁延的急迫感。

西魏宇文泰政权的巩固，制度上的原因很重要，不论是均田、府兵之制，计账、户调之法，都发挥了一定的作用。但是，如果全国官民素质低下，官员贪污舞弊，民众游手怠惰，任何好的制度都不会有好的效果。我们只摘取《六条诏书》中先治心、敦教化与尽地力三条的要点，即可见到苏绰推行政务，首先强调个人的德行与品格，是不分官民的。一个政权，只要官员优秀，百姓勤奋，在高明策略的指导下，朝向儒家先王之治的目标，上下齐心，努力奋进，必能推动社会进步，创造经济繁荣，为整体发展与进步奠定坚实基础。

钱穆在《国史大纲》第二十章"变相的封建势力下之社会形态（下）"最后部分，举出北朝三道诏令，阐释北朝政治的意义。钱先生说："一种合理的政治制度的产生，必有一种合理的政治思想为之渊源。北朝政治渐上轨道，不能说不是北方士大夫对政治观念较为正确之故。"首举《周书·文帝纪》"魏大统十一年春三月令"，记帝王任命官职时应有之心意与做法，以及官员们受命任职时需有之志向与态度。钱先生又说：这道诏令，"乃苏绰笔也"，可知在史家笔下，苏绰对北朝政治之走向合理，有其重大贡献，《六条诏书》或可视为理念之代表，而其中之"治心"与"教化"尤为关键，不应忽视。再者，国史上有三次以《周礼》为蓝图的改革运动，西汉末王莽、北宋王安石皆以失败告终，唯西魏宇文泰获得成功，《六条诏书》或许扮演着重要角色。

七、小结

宇文泰面对险峻情势，突破困局，政权趋于巩固，进而有所发展。原因何在，步骤如何，似可一说。

第一，领导人物的格局、气度、识见、神采等，皆为臣民所敬佩，宇文泰就是这样一位人物。胡三省说他：姿态言语、表情动作异于常人，就是指此而言。宇文泰如此，高欢亦然。史书记"欢性深密，终日俨然，人不能测，机权之际，变化若神"，指出高欢生活态度严肃，在关键时刻，都能做出正确判断。高欢与宇文泰都是真正的"神"级人物。

第二，领袖人物面对困局，必须全力对付，能否奏效，在于是否得到贤能之士的辅佐；宇文泰之所以能够巩固政权，任用苏绰是关键。苏绰之谋略规划，在于针对实际情况，拟定最佳策略，得到宇文泰之充分信任，言听计从，遂有卓著之成效。

第三，军国大政的规划设计，基于渊博的学识与细密的思虑。苏绰深知当务之急在提升整体人民的素质，方法则从负责治民的官员着手，启动士人官员应有的道德感与责任心，继而推向广大民众，要求每一个人忠于职守，父慈子孝，做好自己的本职工作。

第四，一个社会或国家，人人重视德行与品格，素质必然大幅提升，官员勠力从公，清廉自守，民众孝悌力田，诚信相待，社会必定和谐稳定，国势亦将蒸蒸日上。

开皇之治的缔造——以赏良吏而成

我们读《通鉴》，经常读到君主与大臣谈话，气氛很好，史书的记载却极简要，只写了"与语，大悦"之类的几个字。至于他们谈些什么，几乎空白。

隋文帝杨坚，开国未久，很重视地方吏治，经常与这些官员谈话，具体内容史书也多付之阙如。《通鉴》卷一五七，陈宣帝太建十三年（581），记文帝褒扬地方官梁彦光、樊叔略与房恭懿的卓越表现，胡三省在这几段记载之后，写下了一条注语："樊叔略、房恭懿之被褒擢，非必皆是年事。《通鉴》因梁彦光事，悉书于此，以见开皇之治，以赏良吏而成。"指出了这几段记载应非同属一年，但有其相同的意义。

我们先看梁彦光的事迹。梁彦光在岐州（今陕西凤翔附近）担任刺史，表现很好，百姓怀惠。隋文帝下诏褒奖，又赐以帛、伞，通令天下地方官吏向他学习；后来，把他调到相州（今河北临漳附近）担任刺史。

岐州人民朴质守法，风俗敦厚，梁彦光只是关心，不需有所作为，每年的赋税收入，上缴国库，都是成绩最好，天下第一。相州这个地方，昔日是北齐国都所在的邺，齐亡之后，上层人士大多迁至关中，城外经营工商与吹奏音乐的小民，迁入城内。这些人行为随便，不守规矩，动不动就到官府提告，打官司成了风气。他们看到新来的刺史，白白胖胖，和和气气，无所作为，很好欺负的样子，给他取了一个外号："戴帽麻薯［戴帽饧（xíng）］。"文帝听说了，很不高兴，就免了梁彦光的官。一年多之后，调他到赵州（今河北赵县附近）担任刺史。梁彦光向文帝请求调回相州，文帝答应了。

梁彦光到了相州，地方上的顽劣豪强，听说戴帽麻薯又来了都大笑不已。梁彦光到了，好像得到神明的帮助，把地方上顽劣分子都依其罪状，加以逮捕，关入狱中；剩下的坏分子，不是躲起来，就是逃走了。于是，地方平静了，百姓过着安定的生活。梁彦光就在每一个乡设立学校，敦请有学问的老师前来授课，他自己有空就到学校视察，看看学生的学习情况，考察学生的学习成果，成绩好的给予褒奖，成绩不好的勒令退学。毕业的优秀学生，他就荐举为秀才，送到京师任职。他亲自到郊外送行，设宴饯别，并赐予钱物。于是，乡里之人努力向学，地方风气为之一变，百姓生活安定和谐，就没有人再打官司了。

我们读这段记载，感到叙事的关键之处，非但语焉不详，甚至全无提及。那就是梁彦光向文帝请求调回相州，文帝答应。文帝为什么答应？史书虽无记载，但我们不能不问：君臣对话内容为何？我们只能启动想象力，仿佛到了隋朝朝廷观看一番。

隋文帝看到梁彦光拒赴赵州、仍回相州的请求，露出了不悦的表情；但想到梁彦光昔日在岐州的治绩，也不能立即驳斥，不妨召见谈谈。

　　文帝问："相州的人瞧不起你，为什么执意要回相州？"

　　梁彦光答："相州的百姓与岐州无异，都是陛下的好子民，只是一些市井无赖为非作歹，臣还不及惩治，就遭黜免。"

　　文帝听了，说："噢，你也知道你被免官的问题出在哪里？"

　　答："当然知道。"

　　问："你现在有什么想法呢？不妨说来听听。"

　　答："其实臣在相州的时候，已经着手调查地方上这些横行不法的人，也有了初步的名单与他们的恶迹，只是不够全面，不宜动手，就遭到撤职。"

　　问："你为什么当时不说，朕知道了，就会让你继续做下去。"

　　答："诏令已颁，不能追回。再说，朝廷人多口杂，一些必须守密的事，不宜公开陈述，臣也就闭嘴不说了。但是这段时间，臣还在设法调查，今天我掌握的情资，比一年前更加完备，如果到了相州，就能立即行动，打击不法。"

文帝一听，大感意外，说："那很好啊！朕最讨厌地方上的豪猾莠民，弄得民不安居，能够一网打尽，太好了。就派你赴任吧。"

　　答："谢皇恩。但是臣还有进一步的做法，也想禀报，请求恩准。"

　　"你就说吧。"

　　"等到地方平静了，百姓生活安定了，臣想在每一个乡设立学校，请一些有学问的老师来任教，臣有时间也去看看，亲自督导；如果培育出优秀人才，就保荐朝廷，为陛下效力。"

　　"好啊！办学校，会有什么好结果，朕不大相信；但是你向朝廷保荐好人才，朕很欢喜，一定任用。就这么说定了，你就准备赴任吧。"

　　您看了，就会说：这不过是把梁彦光到相州打击劣豪、设立学校、保荐秀才的事迹，用问答方式重写一遍嘛。是的。这也是为什么史家不会将它写下的主要原因，不可重复，是叙事的重要原则。既记其实施情况，则不再交代事前的问答。其中只有隋文帝对设学校一事，采用"帝素不悦学"的记载，略做推测而已。因此，我们可以说，前面所记君臣谈话，应该是有迹可循，也可以说是有其依据了。

　　樊叔略事迹《通鉴》中只有一行："有异政，帝以玺书褒美，班示天下，征拜司农。"过于简略，似可不谈。

房恭懿任新丰令，也就是京兆尹下的新丰县令。治绩为"三辅"，即京兆、冯翊、扶风三地之冠，文帝赐以粟帛。陕西的县令谒见，文帝见到房恭懿，就把他叫到榻前，问他治理百姓的方法。此后屡有升迁。在德州（古齐地，属平原郡）司马任内，为政也是天下第一。文帝对各州派来朝廷的使者说："房恭懿一心一意为国效力，努力照顾地方百姓，这是上天祖宗对我们的庇佑。朕如果对他不加奖赏，上天祖宗必定不高兴，一定责罚朕。你们要以他为榜样，好好学他。"（房恭懿志存体国，爱养我民，此乃上天宗庙之所祐。朕若置而不赏，上天宗庙必当责我。卿等宜师范之。）《通鉴》接着写道：因此，地方州县官吏大都做得不错，百姓也就过着富裕的好日子。（由是州县吏多称职，百姓富庶。）

这里也有一个"失去的环节"，文帝问房恭懿治理百姓的方法，我们没有看到房恭懿的回答，以及此后可能的对话。所以，房恭懿为什么成为地方官吏学习的典范，也就失去了应有的说明；地方官吏以他为师，向他学习，重点何在，同样欠缺应有的交代。我们不妨运用想象力，补上失去的环节。

文帝问："你治理地方，颇有成效，说说你用的什么方法，让大家也学学。"

房恭懿答："治理地方，首先要有爱民之心。有了爱民之心，才会处处为百姓着想。特别是生活艰苦的百姓，更需要我们做官的同情照顾。我们要看到他们的困难，尽量设法帮他们解决问题。"

文帝说："讲得很好，官吏要爱民，实际上如何做呢？你也说说吧。"

答："民以食为天，以衣为地，衣食不周，不能立于天地。所以，首先要想到百姓的生计，他们活不下来怎么办？官员就要运用手上的资源，尽力帮助；就是用到自己的资产，也不要吝惜，这是人命关天的头等大事。"

文帝："说得对！路有饿殍，官员之耻，朝廷之羞。还有别的事吗？"

"当然有。照顾百姓的健康，也是地方官必须负起的责任。因之，百姓生病了，需要医药治疗，地方上一定要有医生，也要储备药材，供病患治疗的需求。"

"嗯，不错，还有吗？"

"有的。地方官员要有忧患意识，要未雨绸缪，做好防范灾荒的储备工作。"

"对的，应该建立粮仓，以备不时之需。你处处想到百姓，百姓也就报答你，让你的治绩天下第一，是这样吗？"

"臣只是尽一己之力，做好该做的事而已。若说臣有什么特长，那就是时时以百姓为念，照顾爱护，如此而已。"

"你的话，让朕颇为感动，如果天下的官吏都和你一样有着照顾爱护百姓的心，天下必然大治。"

这里述及文帝与房恭懿之间的谈话，其依据与梁彦光不同，不再是把实施的内容用问答方式描述。那么，依据何在？我们在文帝说的话中，读到一个关键词，即"爱养我民"的"爱"字，不妨依之做点儿文章，加以发挥，以爱民之心来解释。至于实际做法，《通鉴》虽无记载，但在《隋书·循吏传·房恭懿》中，述及：房恭懿治绩为三辅之首，文帝予以嘉奖，赐了绢帛四百段，房恭懿就把所赐给了穷乏之人。没多久，文帝再赐米三百石，房恭懿又拿来周济贫困。文帝听说了，下令制止。接着，就记了文帝把他叫到榻前询问治民之术这件事。所以，我们所想象谈话中的第一件重要作为，不是一无依凭。

第二件事，即照顾病患、请医生、购药物等，我们未见直接证据。然而，同样列入《隋书·循吏传》中的辛公义，其作为可以参照。

《通鉴》开皇九年（589）记有：辛公义至岷州（今甘肃省定西市山民县）任刺史。岷州此地风俗，一有疫病，患者就遭家人抛弃，病人多死。辛公义把被弃的病人接到公府，人多的时候，厅堂、走廊都住满了。辛公义白天夜里都不离此处，用自己的俸禄请医生、买药品，予以诊治。病人痊愈，叫家人接回，告以生死由命，不相传染，如果放弃，所以必死；今我就在病人中间，如果传染，我早死了。此后，人们一旦得病，就想去刺史那里，家人不肯离开，一定要留下，家人之间，慈爱为怀，社会风气因之大变。《通鉴》所记，应该是地方长官照顾病患的一个例子，用于房恭懿的身上，不无可能。

关于储粮积谷，隋初情况如何，范文澜的《中国通史简编》

有所述及，十分精要，援引于下：

水旱灾害，历年常有，贫民死亡流散，常是社会不安的一个重要原因。隋文帝置仓积谷，预防荒年，收效甚大。仓有两种，一类是官仓，一类是义仓。官仓积储租米，供朝廷使用。隋文帝都长安，关中产粮不能供给京城的消费。漕运又有砥柱（河南陕县三门峡）的险阻，一遇荒年，军民便无法得食。五八三年，在卫州置黎阳仓（在河南浚县大伾山北麓），在陕州置常平仓，在华州置广通仓。三仓逐次转运，供京城食粮。隋文帝在一个荒年里，发广通仓粟三百万石赈济关中饥民。此后，连年有灾，仓谷也无法应急。五九四年，他只好率领饥民到洛阳就食，因为洛阳有充足的粮食。

我们可以想象，在这样的背景下，地方长官提出建仓积谷，以备荒年的想法，得到文帝的赞赏，应是合理的推测。

胡三省说："开皇之治，以赏良吏而成。"我们进一步追究何以君主赏良吏可以缔造治世，即以隋文帝与地方循吏的谈话互动，稍加归纳，也许可以得出这样的结语：吏有爱民之心，民受其惠；君重爱民之吏，天下大治。

隋初执法公正的官员——赵绰

六王毕，四海一，秦始皇统一天下，开启了帝制中国。秦以法家思想治国，用法苛虐，民不堪命，十五载而亡。汉承秦制，尽除秦法之残暴，汉武帝罢黜百家，表彰六经，儒学兴盛。然而，律令之学仍然不衰，士人必须拜师学习，经、律兼修，经学究明事物道理，律学培养处事能力，方能步入仕途。西汉之时，张释之与于定国都以执法平正著称，朝廷人们都说："张释之为廷尉，天下无冤民；于定国为廷尉，民自以为不冤。"而张释之说的"法者，天子所与天下公共也""廷尉，天下之平也"也是稍读国史都知悉的名言，当然也是传统文化中不可或缺的要素。

隋文帝不悦学，读书不多，相信严法可以止乱防奸，有时也就过于严苛。身旁大臣，谄媚阿谀者固然有之，守法公正之人也不是很少，赵绰可为后者代表。

文帝开皇十七年（597）《通鉴》记：文帝以盗贼很多为理

由，下令凡是偷抢一钱以上都判死刑，三个人偷了一个瓜，查到就处死；于是，出门办事的人，都晚晚出门，早早休息，人们都深感不安。有几个胆大的，就把官员抓住，对他说："我们不是来绑架要钱的，只是为了很多人冤枉而死，来找你的。请你为我们向皇上禀报，自古以来，国家法令，从来没有偷一钱就要处死。如果你不为我们传达，我们还要来找你，那时就对你不客气了。"（吾岂求财者邪！但为枉人来耳。而为我奏至尊，自古以来，体国立法，未有盗一钱而死者也。而不为我以闻，吾更来，而属无类矣！）这番话，口气很硬，一副你不让我们活，我也不让你活的意味。文帝知道了，就取消偷一钱处死的命令。

胡三省读到这里，写下："自古以来，闾里奸豪持吏短长者，则有之矣，未闻持其上至此者，宜隋季之多盗也。天下之富，一钱之积，是以古之为政，欲其平易近民。而为、而不、而属之而，犹言汝也。"我们可以感到胡三省心里有些矛盾，他不能同意平民胁持逼迫官员，将民怨上达天听的做法，甚至斥之为奸豪，并将隋末之多盗贼，归因于这样胡作非为。另一方面，胡三省也批评朝廷之不知民情，不接地气。

这段记载与赵绰无涉，却是赵绰有所表现的时代背景与社会氛围。

《通鉴》接着记载，文帝很生气，想要在六月处人死刑，司法官员（大理寺少卿）赵绰反对，说："六月是夏末季节，天地万物还在成长，不可以在此时刻处人死刑。"文帝回答：

"六月虽然仍是生长的季节，这时必有雷霆，我向上天学习，如同雷霆一般，有什么不可以！"最后还是将那人杀了。这个故事可以看到文帝其人，他能够建立隋朝，统一天下，当然聪敏干练，而又知人善任，但他也有学识浅薄、自以为是的另一面，这就是赵绰侍奉在侧的大皇帝。

赵绰手下一位司法官员来旷，上书文帝（《隋书·刑法志》作"上'封事'"，意思是只给皇帝看的密件），述及司法官员处事太宽，文帝很高兴，通知他每天都可参见。来旷又告上司赵绰放免囚徒过于浮滥，文帝派人调查，无其事实，文帝大怒，下令斩来旷。赵绰认为来旷罪不至死，据法力争，文帝把衣袖一挥，起身走回内室。赵绰跟着，向文帝说，我不谈来旷的事，另有他事报告。文帝让他同进阁内，赵绰向文帝下拜，请罪，说："我有死罪三项。我是来旷的长官，我未能管好他，让他犯了陛下认为的死罪，这是第一项。犯人罪不至死，却被判死刑，而我又不能以死力争，这是第二项。我本来没有其他的事，说了谎话，才进来，这是第三项。"文帝听了，不生气了，脸上略有称许的表情。这时，独孤皇后在座，令人斟满两金杯的酒，赐给赵绰，金杯也赐给他。来旷因此免死，发配广州。

我们观看这一幕，可以思考几个问题。

文帝何以不愿再谈，"拂衣进阁"？可能是他想：来旷要陷害你，要夺你的官位，被朕识破，对这种小人，只有杀无赦，何必要救他？真是不可理喻，真是不知感恩。

赵绰何以紧盯不舍，一定要皇上答应不杀来旷？当然，来旷小人行径，令人厌恶，但所犯罪行，于法不至于死，就不可处以死刑；再说，若为了别人，只要尽力就可以交代，但事关自己，只有尽一切之力挽救。而且赵绰深知文帝性情，知道这么做必会惹恼文帝，甚至大怒，但应该不会危及性命；再说，文帝也是明理的人，解释清楚或许可以应允。

为什么赵绰说了自己三项死罪之后，文帝态度有了转变？是赵绰的说辞太透彻，还是太动人？我想，应该都不是，关键或许是皇后在座。赵绰跟了进来，讲了这番话，她全看在眼里，听在耳中，必然大受感动，觉得赵绰所言，虽然用的是反讽口气，但就事情而论，来旷固然有罪，却确实不应处死，赵绰居然为陷害他的人，以法不至死而力争不已，甚为感佩。由于文帝对这位皇后，素来"宠惮之"，皇后既然赏识，文帝也就应允。

《通鉴》接着记：南朝名将萧摩诃的儿子萧世略在南方图谋作乱，萧摩诃也应连坐。文帝认为，世略未满二十岁，由于他是名将之子，为人胁迫，所以赦了萧摩诃。赵绰以为与法不符，力谏不可。文帝想支开赵绰，就让赵绰退下。赵绰说："这个案件还没办完，我不敢退下。"文帝说："你就特别为我赦了萧摩诃吧！"就叫身旁的人把萧摩诃释放了。

文帝为什么要赦免萧摩诃？除了是南朝名将，他还有动人的志节表现。《通鉴》记，开皇九年，隋将击败陈军，萧摩诃被俘，送至贺若弼，"弼命牵斩之，摩诃颜色自若，乃释而礼之"。

又有一事，刑部侍郎辛亶，穿红色内衣，习俗以为有利升官，文帝认为诅咒作法，要将他处死。赵绰说："依法，不可判死罪，我不能接受这道诏令。"文帝很生气，说："你怜惜辛亶，就不顾自己了吗？"下令一并推出斩之。赵绰说："陛下可以杀我，不可杀辛亶。"就走向朝堂，把衣服脱下，准备受刑。文帝派人去对赵绰说："怎么样？你还坚持吗？"赵绰说："执法要依信念，认为合法的，就要坚持，牺牲生命，在所不惜（执法一心，不敢惜死）。"文帝听了，起身整衣，走到朝堂，好一会儿才让赵绰回去。第二天，文帝还对赵绰表达歉意，并有所嘉勉，赐物三百缎。

辛亶的故事可以见到赵绰心中的"法律"。它规范人们的行为，维持社会秩序，有其无可取代的重要性。为了法律不受践踏，执法之人应该全力维护，甚至不惜牺牲生命。再看文帝对赵绰，何以先倨傲而后谦礼呢？文帝不悦学，修养欠佳，猜忌心一犯，肆意杀人，推出斩之，随口而出。料其本性，应不是残虐之人，待其怒气渐消，也知有所调整。赵绰走至朝堂，缓缓脱下衣服之时，心中或许十分坦然，只是扮演称职的谏臣，而不是赴义的烈士。至于次日，文帝何以又向赵绰致歉，又是赏赐勉励？难道是文帝三省吾身，知道有过当改吗？显然不是，大概又与独孤后有关了。

《通鉴》陈宣帝太建十三年记："独孤皇后，家世贵盛，而能谦恭，雅好读书，言事多与隋主（即文帝）意合，帝甚宠惮之。宫中称为'二圣'。帝每临朝，后辄与帝方辇而进，至阁乃止。使宦官伺帝，政有所失，随即匡谏。候帝退朝，同反燕寝。"刑部侍郎处死，赵绰以于法不合力争，解衣待斩，此等大事，独孤后焉得不管？文帝怎能不从？

《通鉴》接着写道：这时文帝禁止恶钱，有二人用恶钱换好钱，被查到，文帝命令处斩。赵绰进谏，说："这两人的罪，只能判杖刑，只能打屁股。判死刑，于法不合。"文帝说："你要摇一棵大树，既然摇不动，就应罢手。"赵绰说："我要做的是感动天心，做到为止，别说是摇大树！"文帝又说："喝热汤，烫到嘴就放下，天子的威望，不容你挑战！"赵绰不为所动，继续劝说。文帝说："你有完没完！我不再说了，你退下！"赵绰就是不退。这时，朝中另一位大臣柳彧劝文帝应允赵绰，讲得合情合理，文帝才不再谈此事。这个故事，可以看到文帝性格颇为急躁、过于琐细的一面。三人合盗一瓜，处死；两人用恶钱换好钱，处死。衡诸律令，必然不合。赵绰力谏，锲而不舍，既是对法律的坚持，也是对文帝的保护。

《通鉴》接着的几行，可以说是文帝、赵绰君臣往来的小结。写道：文帝认为赵绰这人诚信正直，每次引他进到阁中，文帝与皇后同榻而坐，也叫他坐下，听听他对事情的意见，也都给予多多少少的赏赐，累计起来，数目可观。赵绰与另一位司法大员薛胄都以判案公正宽恕著称，不同之处在于薛胄以情，而赵绰守法，都做得很好。结语中提及独孤后，可见赵绰屡屡惹恼文帝，甚至动怒，但皇后对他十分欣赏，有所庇佑。隋初法治，在赵绰、薛胄等人维护之下，方能严明而不残虐，独孤后亦有其贡献。

最后，我们要问，这位公正执法的赵绰，究竟是怎样的人物？打开《隋书·赵绰传》，我们看到"性质直刚毅"，是一位很有个性、不随波逐流的人，在北周朝廷以做事认真负责，受人器重。父亲过世，守丧的表现，为人称许。杨坚任丞相时，引为僚属。杨坚代周，建立隋朝，任职掌管刑狱的大理寺，判案公平允当，考绩最佳，升至大理正，很得文帝赏识。

文帝用重法禁盗贼，赵绰进谏："陛下行尧、舜之道，多存宽宥。况律者天下之大信，其可失乎！"这句话表明了他对律令刑狱的基本看法，可惜未见于《通鉴》。我们从这句话中，可以看到，法律对赵绰而言，其重心不是帝王的威严，不在条文与判决，而是宽厚与信守。宽厚是仁心，信守是诚意。仁心与诚意，怎么说都是儒家强调的观念，也可以归诸尧舜之道。

赵绰其人，居家尽孝，在朝尽忠，虽然职司刑狱，仍然是儒家信徒。我们可以说，赵绰是一个典型，国史上许多官员，都可以归于此一类别，也就是"执法本仁心"。

今天史学界，谈及历史上的儒、法关系，往往以"缘饰以儒术"一语概括，传统政治不过是披着儒家道德外衣的专制独裁而已。"缘饰以儒术"固然有其依据，但"执法本仁心"的赵绰之辈，在历史上留下的感人事迹与深刻见解，非但不可全然忘却，也不可漠然视之，而是应该多加传述。

死神的召唤与降临——隋炀帝之死

　　隋炀帝，这位范文澜称之为"著名的浪子，标准的暴君"的帝王，是怎样走上死亡之路的？多行不义必自毙，"罄南山之竹，书罪无穷；决东海之波，流恶难尽"的统治者，当然不会有好下场。再引范文澜的话："他的奢侈生活和残虐政治愈来愈凶恶地驱迫民众陷入死地。到后来，农民发动大起义，消灭了这个可耻可憎的浪子和暴君。"这些文字见于《中国通史简编》隋炀帝节的第一段，先给隋炀帝一个"定位"，再详述何以做此定位的理由。我个人对于用词强烈的表述方式，颇为欣赏；因为很有特点，非常劲爆。

　　我们看看《通鉴》中怎样记载炀帝的最后阶段，我们似乎可以换一个观看的角度，从拟想、揣测、探索主角炀帝本人的内心世界，去体会、感受这位颇有特色的人物，如何应付外在的变化，而走上了他一生的最后一里路。

一、死神的召唤

大业十二年（616），炀帝在大多数朝臣的反对下，执意前往江都，杖杀了上书极谏的大臣，作诗"我梦江都好，征辽亦偶然"留别宫人，乘坐新建龙舟，与身旁幸臣来到江都。

江都的日子，《通鉴》以"荒淫益甚"来形容。那就是宫中立百余房，每房居美女多人，每天一房轮流做主人，江都长官提供美酒佳肴。炀帝与萧后，到每房饮酒，杯不离口，侍女千余人也是喝得昏天暗地。炀帝明白，天下的动乱愈益炽烈，无以遏止，于是，一有时间，就流连于宫中的楼台苑囿，赏玩美景直到夜深。炀帝的这些举动，反映了他心中至深的忧虑，他感受到死亡的逼近，在此有限的时光，只有尽情享受。人生所余已无几，残留时日要珍惜，且进生前最后酒，行乐须及时。他听到了死神频频在召唤。

炀帝多才多艺，善于天文占卜，能说吴语，对萧后说："外面有人要杀我（外间大有人图侬。胡三省告诉我们，吴人自称多用'侬'字）。"他仰观天文，看到什么？看到了有人要杀他，命将不保。他又照着镜子，对萧后说："这么漂亮的头颅，不知道会被何人砍掉！"也是感到死亡已不可免。萧后问他，为什么胡言乱语。他说："有人一生富贵享乐，有人一生贫贱辛苦，轮来轮去，总是如此。"可见在他心中，此生即将结束，他清楚地感受到死神的召唤。

二、死神在叩门

中原的乱事愈益扩大，多少威胁到了江都，炀帝就想先迁丹阳，再移建康。有了号称天堑的长江作为屏障，较之江都安全得多，或可远离死神，殊不知这个决定反而引导死神更为接近。朝廷上的迁都讨论，如同来到江都之前，廷臣大多不以为然，但拗不过炀帝的坚持，幸臣的附和，于是下令缮治丹阳宫室。就是这个决定，让死神叩门的声音，阵阵响起。

江都粮尽是迁往丹阳的理由，却引致从驾南来的"骁果"，就是跟随炀帝的将士，也是全国最为精锐的军队，极大的不满与至深的忧愤。因为骁果将士大多是关中人，来到江都已有两年，最大的心愿就是回家；若迁往江南，回家的最后一丝希望也告破灭，这是他们不能忍受的，也是他们必须拼死反对的。于是，有人索性率部西走，炀帝立刻遣人追杀，但亡命西走者，依然不止。

统率骁果军的将领们看到如此情景，也动了西走的念头，他们谈论眼前情况：向炀帝报告实情，可能触怒炀帝，祸在不测；若不报告，事发之后，依法论处，不免族刑。大家讨论的结果，就连深受炀帝宠信的将领司马德戡，也决定参与西走的大计划；而且，将士们日夜商谈，公开讨论。有人向萧后报告，萧后说，你自己去向陛下说。炀帝听后，大怒，立刻将报告者处死，此后再也没人向炀帝报告军中商议的事了。炀帝为什么大怒，而且立刻杀人？或许只是因为他听到了死神叩门的响声。

三、死神的执行者

期盼回家的大队人马，需要有人率领。什么人最为适合？炀帝在江都，尽管行事乖张，生活荒淫，但威令尚在，不可能挟持而行，只有将之除去，取而代之。什么人最为适合，大家默认条件有三：一、官阶够高，无人不知；二、贪念不小，好名好利；三、性情愚蠢，不知名义。也就是需要这么一个人，朝廷官员都认识，而此人可以说之以名以利，至于人人不敢的叛逆恶名，他是可以不顾的。于是一致通过，非宇文述的儿子宇文化及莫属。他们去向宇文化及游说，宇文化及听了，起先也吓到了，出了一身汗，经不起游说者再三怂恿，也就答应了。宇文化及成了死神的执行者。

四、死神登堂

西行大计在众人拟议下，取得共识，可以付之实现。首先，散布谣言，说炀帝知道骁果们动念西行，准备了大量毒酒，借慰劳之名，宴请将士，加以毒杀。于是骁果无人不怒，就连犹豫不决的人，也决定加入反叛行列。其次，安排将领们的任务，某人守某门，某人进某区，某人率多少人马，某人在何处接应，全都安排妥当；最后，举火为号，宣告动手。

炀帝在宫中，见到火焰冲天，问什么事情，身旁的叛将裴虔通随口回答，草坊失火，众人正在灌救。燕王杨倓惊觉宫中气氛有异，知道将有大事，从水门潜入，想去报告，但被拦下，逮捕。天还没亮，裴虔通已率兵进入宫中，号令宿卫者外出，卫兵投杖而走者甚多。这时，遇到独孤盛，裴虔通劝独孤将军看清情势，可以袖手旁观。独孤盛大怒，骂他：老贼，说的是什么话！不及披戴盔甲，率十余人拒战，为人数众多的乱兵所杀。独孤开远率殿内兵百余人前往炀帝住处，请求炀帝出面平乱，无人回应，独孤开远为叛军所捕，随之释放。炀帝早知宫中必有事端，挑选壮健官奴数百人，待遇优厚，甚至赐以宫女，以备非常。这时宫中管事的魏氏，受到叛将们收买，已将这些官奴遣出，事起仓促，没有一人在炀帝身旁。

炀帝知道乱事发生，换了衣服，逃向西阁，裴虔通等率兵追至，有美人指路，校尉令狐行达持刀搜索。炀帝隔了窗子看到令狐行达，问他："你要杀我吗？"行达说："我不敢，只是想奉陛下回故乡。"他把炀帝扶下来，见到了裴虔通。炀帝见到他，说："你不是跟着我多年的老臣吗？为什么要造反！"裴虔通说："我不敢造反，只是想奉陛下回京师。"炀帝说："我也要回去，正在等江上运米的船啊！我这就与你一起回去吧！"

为什么炀帝一看到令狐行达，"你要杀我吗"这句话就随口而出？大概炀帝看到了死神的朦胧身影，不假思索，蹦出了这句积蕴心中已久的话。至于他与裴虔通的对话，则可视为明白情势，设法拖延的应对之语。

五、死神入室

"捉到了！捉到了！"捉住炀帝的消息立即传遍宫中，就要等新的领导出面处理了。众人簇拥着宇文化及，宇文化及吓得浑身发抖，司马德戡等人前来谒见，他头也抬不起来，直说：对不起，对不起。

裴虔通对炀帝说，百官都在朝堂，请陛下出面慰劳。裴虔通牵了一匹马，炀帝不肯骑，原来是鞍与勒都很陈旧，只好换了新的。炀帝骑了上去，裴虔通牵着，走出宫门，叛变的将士见到，高声欢呼，宇文化及见了，说："还要这东西做什么！赶快把他杀掉！"（何用持此物出，亟还与手。胡注：与手……言与之毒手而杀之也。）宇文化及固然语言粗鲁，多少表示此物吓人，威势仍在，他执行死神命令，刻不容缓。

炀帝问："虞世基在哪儿？"

叛党马文举说："已经被砍头了！"

大伙来到寝殿，裴虔通、司马德戡拔出佩刀，站在炀帝身旁。

炀帝说："我犯了什么罪，你们这样对我？"

马文举说："陛下抛弃宗庙，四处游玩，征战不已，宫廷生活奢侈靡烂；致使成年男子死于战阵，老弱妇女填入沟壑，人民不能安居，生产悉遭破坏，于是盗贼处处。你又专信谄媚阿谀的佞幸小人，有错拒改，不肯听忠良大臣的谏言，怎么能说无罪呢！"

炀帝说："我实在对不起百姓，至于你们，荣华富贵都是我给的，我没有对不起你们！今天的事是谁带头？"

司马德戡说："全国的人都很生气，何止一人！"

宇文化及要封德彝上去指责炀帝，封德彝还没开口，炀帝说："你不是读书人吗？怎么也做这种事？"封德彝十分羞愧，退了下来。

这时，炀帝身旁的儿子，十二岁的赵王杨杲（gǎo），吓得大哭大叫，裴虔通一刀砍去，杨杲的血溅到炀帝身上。炀帝必然厉声斥责，叛党神经紧绷，情绪失控，举刀朝向炀帝。炀帝说："天子有一定的死法，不必用刀来砍，把我的毒酒拿来！"原来他早有准备，只是掌管毒酒的宫女俱已逃散。马文举就叫令狐行达把炀帝按在座位上，炀帝解下自己的练巾，递给令狐行达，这个炀帝在他身上看到死神身影的令狐行达动手把炀帝缢杀了。

我们在炀帝的最后一刻，没见到他惊慌失措、卑屈求生的样子，还是一派雍容。他承认对不起百姓，连范文澜都没忘了说："隋炀帝承认对不起百姓，还算是临死时认了罪。"可见他直到最后，心里是明白的。他见到封德彝，只一句话就让伶牙俐齿的封德彝哑口无言，仍然表现出极其聪敏的一面。我们可说炀帝早已知道这一天的到来，而且准备好了。

六、死神的面孔

炀帝每次出外巡幸，总是带着蜀王杨秀，而杨秀此时正在骁果营中。炀帝被弑，宇文化及想立杨秀为帝，大家都不同意，就把杨秀杀了。又杀了齐王杨暕、燕王杨倓，以及宗室、外戚许多人；只有秦王杨浩与宇文智及关系很好，得免于难。齐王杨暕素来不为炀帝所喜爱，父子互相猜忌，炀帝一听到乱事，马上想到杨暕，问萧后是不是阿孩（杨暕，小字阿孩）想篡位。宇文化及杀杨暕时，杨暕以为是父亲要杀他，说："请父亲不要下诏令杀我，我从来没有对不起父亲。"宇文化及就叫人把杨暕拖到大街，杀了。炀帝以为是阿孩篡位弑父，杨暕则以为是父亲下令杀他，父子都不知为何人所杀。所以，我们可以说，死神的面孔，是死者看不到的。

李世民战胜窦建德——以寡击众之战例

唐武德初年，天下情势已从隋末大乱的混沌中逐渐明朗，割据势力以关中李渊的唐、河北窦建德的夏与河南王世充的郑为最强。名为三强，实则王世充弱点甚多，力量不足与李唐、窦夏相抗衡。因之，三者鼎立不可能，李、窦之争不可免。

李渊是隋朝官员，天下乱起，亦揭反炀帝暴政的义旗，从太原进入关中。窦建德出身盗贼，所作所为可谓"盗亦有道"，雄踞河北，实力可观，名声亦佳。王世充献宝物给炀帝，受到宠幸，后取东都的末代隋帝而代之，虽"士卒皆江、淮剽勇，出入如飞"，但能力薄弱，行事荒诞，识者皆知其不能自保。

一、李世民进围洛阳

武德三年（620），李渊下诏秦王李世民率诸军进击王世充。

八月，王世充列阵于洛阳西北的青城宫，隔洛水对李世民说："隋家天下结束了，唐在关中，郑在河南，我没向西侵犯，你却举兵东来，这是为什么？"李世民使宇文士及回应："四海都要归顺于唐，你尚未听命，这就是原因所在！"王世充说："我们讲和吧，不要打仗，不是很好吗？"回答："我们只是奉诏令取东都，没接到讲和的命令。"

我们读到这里，似乎不能把这样的记述当成事实，不是王世充在河的一边大声嚷嚷，宇文士及在另一边大吼大叫，而是双方列阵于洛水两边，传达了一方求和、一方主战的态度，也呈现了气势上的弱与强。

武德四年二月，李世民使宇文士及奏请进围东都，得到批准。李世民移军青城宫，营垒尚未建立，王世充率军两万前来，唐军将领都感到事态严重，相当恐惧。李世民亲率精锐骑兵列于北邙，登上北魏世宗的陵墓，眺望情势，对左右说："敌军大举出动，希望一战而胜，这种侥幸心理，正是他们实力不足的征兆。我们今天打败他们，他们就不敢再出城作战了。"于是，命令屈突通率步兵五千，渡谷水进攻，并且嘱咐：与敌交锋，举烟为号。一见烟起，李世民身先士卒，引骑兵冲出，与屈突通合力进击。

李世民率精锐骑兵数十，冲过王世充的阵式，到了敌军的背后，杀伤甚众。李世民冲得太快，与其他将士失联，敌军紧追，身旁只有将军丘行恭，李世民马为流矢所中倒毙，丘行恭回头射向追骑，发无不中，追者稍停。丘行恭以马给李世民骑乘，自己执长刀奔跑护卫，回到大军之中。王世充也率领将士殊死作战，双方激战好几个回合，王世充方才退去，李世民得以进逼城下，俘虏与杀死者多达七千人，围住了洛阳。

这段描述，重点有三：一是王世充手下，江、淮剽勇，战力可观，不容小觑；二是李世民运用策略，步骑协同作战，取得成效；三是李世民冲锋陷阵，气势盈溢，激励将士，奋勇向前。此役李世民消灭王世充几乎三分之一的兵力。

二、围城中的洛阳

李世民进围洛阳，《通鉴》记："城中守御甚严，大砲飞石重五十斤，掷二百步，八弓弩箭如车辐，镟如巨斧，射五百步。"我们知道，此时仍属冷兵器时代，所谓炮或砲，都是抛石机，如果抛出的石块既重又远，其杀伤力与震撼力皆可观。至于八弓弩，胡三省告诉我们，是八个弓连在一起，如古代的"连弩"。射出的箭粗如车辐，箭头如大斧，射程又远，殊为可怕。

《通鉴》又记：李世民"四面攻之，昼夜不息，旬余不克"，十多天了，仍然攻不进去。城内感到前景无望，想要逃出者也都遭到处死。双方僵持不下，唐方将士备感难以攻克，遂生退却之念，也有大将吁请班师。李世民说："今天大举出动，就要一劳永逸。东方各地都已归顺，只剩下洛阳孤城，他们坚持不了多久；眼看就要成功了，怎么可以放弃？"于是下令："洛阳未攻下，决不班师，提议回朝者，处斩！"大家才不敢再提班师之事。李渊听说了，下了一道密令，要李世民率军回朝。李世民上书，称洛阳必克，又派封德彝入朝向李渊报告形势："王世充号称拥有大片土地，实则多属羁縻，表面臣服而已，他能控制的只有洛阳一城；洛阳被围，他无力应付，很快就失败。今天如果班师回朝，王世充的力量势将恢复，以后就更难处理。"李渊也就同意了。李世民写了一封劝王世充投降的信，王世充不复。

我们在这里看到了李世民不畏艰难、奋力向前的勇气与决心。然而，他不是只有勇气决心，而是审视面对的情势，且有深入的认识，对于大局的可能发展了然于胸，极其聪敏的封德彝或许就是他的重要谋士。

李世民把洛阳团团围住，既挖了长堑，又筑起营垒。粮食无以进入城中，一匹绢只值三升粟，十匹布只值一升盐；漂亮的衣服，珍贵的珠宝，像草一样贱。百姓把草根树叶都吃完了，只有将泥土用水淘过，混在米屑中做饼，吃了就生病，身体肿胀，两脚无力，不久也就死了。炀帝南游，隋皇泰主迁三万家入洛阳城，这时只有三千家；就是朝中大官也吃不饱，往往饿死。

王世充的洛阳显然支撑不下去了，只有一线希望，那就是河北的窦建德赶快来援；若能解洛阳之围，将粮食运进，城中的人才有活命的可能。

三、窦建德救援洛阳

窦建德与王世充为了争地盘，双方交恶，互不来往。唐兵进逼洛阳，王世充遣使向窦建德求救。窦建德手下刘彬说："天下大乱，李渊得关西，王世充得河南，我们得河北，形成鼎足之势。今天李唐出兵攻王世充，李唐兵势日盛，王世充愈来愈弱，难以持久。王世充的郑亡了，我们的夏也受到威胁，不如与王世充修好，发兵救援，我们攻打唐的外围，王世充从内部反击，一定可以打败唐军。等唐军退去，我们再看情势，若可以把王世充的郑并吞了，合二国之力，乘唐久战兵疲，将唐打败，则可以得天下了！"窦建德同意刘彬的意见，派使者至洛阳，答应救援；同时遣使赴唐，请召回攻洛阳的军队，李世民把使者留下，也不回复。

窦建德大军出动，许多兵士是被他打败的孟海公与徐圆朗的士卒，向西出发，水陆并进，粮船溯黄河而上。王世充派其弟王世辩等率数千兵士与之相会，总共十余万，号称三十万，大军来援，也让洛阳城里的王世充有所知悉。

四、李世民的军事会议

李世民牢牢围住洛阳，一时无法拿下，窦建德的三十万大军却步步进逼。面对严峻局势，必须商讨对策；召集手下，集思广益，找出最佳应付办法，就是会议的主题。秦王李世民先读了窦建德的信，请唐军退回潼关，把原来属于郑的土地还给王世充；接着，就请德高望重的文臣武将发表意见，首先发言的是萧瑀、然后是老将屈突通，封德彝也说了话；主要的意思是，我们的将士面对洛阳坚城已有一段时日，看来一时攻不下来。窦建德一路打胜仗，气势很盛，让我们腹背受敌，形势很不好，不如先撤退，再等下一次进攻的机会。

这种畏避的主张，自然不合李世民心意，就问："你们都同意老前辈的看法吗？"

郭孝恪说："我不赞成！今天王世充已是穷途末路，只有等着失败；窦建德远道前来相助，也没用，也等着失败。一次把这两个敌人打败，也算是天意啊！我们最好先据有虎牢的险要，挡住窦建德，等有好机会一举打败他！"

李世民说："很好，勇气可嘉，见解也不错，只是缺少深入的分析与具体的建议。还有哪位发表意见？"

薛收，这位大诗人薛道衡的儿子，正在秦王幕下，发言说道："王世充保有东都，府库充实，手下的兵士都是江、淮一带的精锐，不能小看。今天他们所缺的只是粮食，所以，我们围困住他们，他们要出战，我们不理，时日稍久，就守不下去。窦建德亲自率领大军，远道前来，屡败强敌，也是精锐无比，要与我们决战。如果窦建德带了粮食进入洛阳，那么长期争战就要开始了，天下统一也就遥遥无期，兵连祸结，生灵涂炭。

今天不妨兵分两支，一支守住洛阳长围，王世充出兵，我们不与他们打；大王您亲率骁勇精兵，先据虎牢，做好决战的准备，等窦建德大军到来，我们以逸待劳，一定可以取得胜利。"

李世民说："你的意见，正合我心。大家看，王世充没有粮食，上下背离，我们不必强攻，就可以拿下洛阳。窦建德打败了孟海公，不免有了骄气，我们先占据虎牢，控制险要，取得地利，如果他们冒险进攻，我们不难打败他们。如果他们不再进兵，十天半个月，王世充的洛阳必将溃败。我们拿下洛阳，气势正盛，更容易打败窦建德。我们赶快出动，据有虎牢，稍有迟疑，让窦建德先占了虎牢的地利，附近归顺我们的一些城池也会倒向他们，如果夏、郑两个力量结合起来，我们就有大麻烦了。所以，我决计出动，进兵虎牢。"

屈突通还说："我看最好还是撤围吧，窦建德三十万大军，我们差得太多，彼众我寡，几乎没有胜算。战阵之事，还是老朽最有经验，薛收文人哪知用兵，不可轻信啊！"

李世民说："谢谢老帅，我心意已定，事不宜迟，立刻准备出动；屈突老将军，您就辅佐齐王元吉，围住东都吧！各位请回，抓紧时间，准备停当，立即出发。薛收请留下，我还有些事情要问你，听听你的意见。"

"你为什么这么有把握可以打败窦建德的大军？我想你一定有更进一步的谋略，不愿意在众人面前陈述，现在只有你我二人，就请你尽情抒发吧。"

薛收说："是的，老将军面前，总得收敛些，有些话不大好说。老将军说得没错，彼众我寡，胜算应该不大，但是我认为大王手下猛将如云，正是最大的优势。像是郭孝恪、秦叔宝、程知节、尉迟敬德、翟长孙、段志玄、史大奈、宇文士及，还有淮阳王李道玄等都是勇猛无比，反应灵敏，足当方面重任的将才，李勣（jì）更是出众的军事天才。大王只要善用手上的人才，必定无坚不摧，无敌不克。"

李世民听了，频频点头，说："你说得对，不过如何安排运用，也要听听你的意见。"

薛收说："彼众我寡，我们就要想到如何压制对方的优势，让他施展不出来；只要发挥我们的优势，即可取得胜利。"

李世民说："我同意，如何发挥我们的优势呢？"

薛收说："以动制静，我们用快速的移动，切断敌军的联系，掌握战场的主动，让他们晕头转向疲于应付，乱成一团，完全失去人数众多的原有优势；再击其要害，如果他们列阵如长蛇，我们只要击其首，断其尾，首尾不能相呼应，就可完胜。"

李世民说："这样的战术指导我很赞同，让我想一下，先锋可用宇文士及，接应则是秦叔宝跟着我，嗯……我对他们的了解超过你，就让我来安排各将领的任务吧。"

薛收说："把最重要的任务交给李勣，这是我最后的一点建议。"

我必须申明，这一段描述，全凭想象；依据只有《新唐书·薛收传》中的几个字："房玄龄亟言之秦王（李世民），王召见，问方略，所对合旨。"李世民对薛收所言方略，感到满意，应该可以推知薛收心思细密，计谋出众，如此而已。

正午之时，李世民率三千五百人向东出发，王世充在城上看到李唐军队在移动，不知道原因何在，也就不敢出动进击。

五、窦建德的军事会议

窦建德进军顺利，以为不日即可抵达洛阳城外，却受阻于虎牢，数次接战，未能得胜；情势既然如此，也要大家开会商量。

诸将之中，主张班师回河北者颇有其人，多属沿途克捷，获得珍宝不少，无心再战，只是会议中难以启齿，支支吾吾，理不足则气不壮；主张继续进兵者，也多是说些主上圣明，将士用命，战无不胜之类的空话。

这时，一位青年文士的发言，打破了沉闷的气氛。他是凌敬，窦建德的国子祭酒（如同大学校长）。凌敬说："我们应该调转前进方向，不妨越过黄河，攻取怀州、河阳，派将坚守。大王则率大军跨越太行山，进入上党，攻向太原，直捣李唐的后方，也是他们的起源之地。这样用兵，好处有三：第一，这个地区目前几乎全无可以阻挡的力量，我们必能取得胜利；第二，取得山西之地，再联结河北，我们的发展形势，会比现在增强很多；第三，我们攻向山西，在关中的李渊不可能袖手不理，他必定召回李世民，这样被困在洛阳的王世充，自然获得解救。今天我们面对的情势，能够想到的高明策略，大概只有这样吧。"

窦建德边听边点头，说道："高明！高明！"这时偌大的房间，鸦雀无声，大家嘴上不说，但心中都明白，凌敬没有把他计谋的重点直接说出来。

凌敬没说出的重点是什么？就是放弃洛阳的王世充啊！胡三省说："凌敬的计策很好。那个时候洛阳已经十分危急，李世民全力围困，没多久就能拿下。我想，如果依照这个计策，窦建德还没到蒲州，洛阳城已经为李唐所破。"胡三省很清楚，凌敬此策的重点就是放弃王世充，也有王世充不值得救援的意思。

凌敬的策略，依照"鹬蚌相争，渔翁得利"的道理，让李世民解决王世充，趁机积极发展，争取有利情势。窦建德听懂了，直呼高明之余，却想到有违自己救援洛阳的初衷，也就不免犹豫。

心中最为着急的，莫过于王世充派来求救的使者，急得都哭了出来，哀求不要放弃洛阳。另外，还有一些窦建德手下的大将也帮着说话，因为王世充使者一到，就用金玉珍宝贿赂这些人，他们也就发言反对，说："凌敬是书生，哪知道打仗是怎么回事，他的话不可以听信！"

窦建德改变心意了，对凌敬说："今天我们将士英勇，锐不可当，只要一鼓作气，就能解洛阳之围，可以说是天助我也！你的计谋很高明，只是缓不济急啊！"

凌敬说："大王，请再听我说，当今用兵稳操胜券，只此一途啊！"窦建德听不进了，叫人把祭酒请了出去。

一直没发言的曹皇后说话了："凌敬的计策，一定要用啊。今天我们趁着唐对郑用兵，向太行山的北面发展，又由于突厥威胁关中，唐为自保，必定调回李世民，洛阳之围可解。如果大军停在此处，费用十分庞大，士气逐渐消沉，不知等到何时，才能成功。"

曹后深知窦建德惦念围困中的洛阳，不忍心说大可放弃王世充，又不能夸耀对手，灭自己的威风，只能作此表述，重点只有："凌敬的计策，一定要用啊！"

窦建德心意既定，就说："这不是你们女人家懂的事，我来主要是救郑，洛阳情况十分危急，朝不保夕，我如果不管他们死活，就是畏惧敌人而又不守信用，做人不可如此！"

窦建德手下将领收受贿赂，反映了军中纪律的废弛，应该不是小缺点了。

六、以寡击众，秦王大胜

侦察传来消息，窦建德大军已向虎牢进逼。李世民亲至前线了解军情，并留马千余匹于河渚以诱敌。次日，窦建德大军果然到达，前后连绵二十里，击鼓吹号，声势甚盛，李世民率诸将登高瞭望，左右都面露惊恐。

李世民说："窦建德在山东一带发展，从未遇过真正的强敌，今天他们声势很盛，但队伍不整，是纪律不佳；进逼我们，至此方才列阵，是看不起我们，有轻敌之心；我不要立即出战，等到他们露出疲态，阵式松动，我们给予致命一击，必能获胜。你们看吧，过了中午就可以打败他们。"

窦建德遣三百骑下战书，李世民派王君廓率二百人应战，互有胜负，各自退还。

李世民看到王世充的侄子王琬骑着隋炀帝的马，鞍饰精美，说："他骑的真是一匹好马。"迟尉敬德说："我把它牵来！"李世民阻止说："不能为了一匹马牺牲我的一员良将！"尉迟敬德不理，带了两个人冲入敌阵，躲开了箭矢刀枪，连王琬带骏马一起捉了回来。这时，李世民派人召回河边马。

《通鉴》中的这两个小故事，也是细节的描述，凸显出李世民、尉迟敬德不畏艰难的精神气势，非常人所及，也是成功者的特质。

窦建德的阵式布列之后，并无动作，自早晨到中午，士卒又饿又累，就地而坐，为了喝水，你争我抢，相当混乱。李世民觉得可以动手，命令宇文士及领三百骑兵，冲向窦建德的西边，再绕向南方；又说，如果他们的阵式保持完整，无法撼动，就退回，不要硬闯，如果一冲就破，就依计而行。李世民看到窦建德的阵式果然被宇文士及冲破，出现混乱，知道时机已至，河边马匹也都到了，于是下令出击。

李世民一马当先，将士跟进，攻向敌人主帅营帐。此时窦建德正在接见群臣，众人忽见李世民骑兵冲来，惊恐不已，乱成一团。窦建德召骑兵前来护卫,奈何被朝臣阻挡,稍一迁延,唐骑已至,窦建德只有仓皇避走。唐将窦抗追赶,未能获胜,李世民率骑兵跟上,所向披靡。于是双方拼死决战,尘埃满天。淮阳王李道玄前后冲杀,一再出入敌阵,射在他身上的箭,多如刺猬的毛,足见窦建德的将士也不是全无战力。

这时,李世民率史大奈、程知节、秦叔宝、宇文歆等冲进窦建德大营后方,树起了唐军的旗帜。窦建德将士见了,知道大势已去,全面溃散。窦建德负伤坠马,对追及的唐将说:"我是夏王,你捉到我,可得重赏。"窦建德被擒,李世民对他说:"我讨伐王世充,关你什么事?你何苦率大军与我作战?"窦建德说:"我今天来,就不再烦你远征。"李世民把所虏获的五万人都释放了,让他们回归乡里。

这场决定胜负的战役,确如李世民所料,费时不多。胜负关键之处在于窦建德营帐受到冲击,骑兵无法及时前来救援;为进谒的大臣阻绝,固然是原因之一,但总觉得理据有欠充足,更可能的原因应是进援之路为唐军截断,遂至全面溃败。也许,这正是李勣在此役中的主要任务,而且执行彻底,立有大功。

当窦建德、王琬等人站立在洛阳城下,王世充的希望完全破灭,也只有投降一途。

李世民身披黄金甲,后面紧跟着也披黄金甲的齐王李元吉与大将李勣,其后是二十五位有功的将军,以及铁骑万匹。带着王世充、窦建德以及隋代的皇室物品,至太庙奏捷献俘,也就是向祖宗报告这件重大的功绩。

七、小结

这是一场具有决定性的重要战役，我们试将制胜因素稍加归纳，或许在于：主帅气势强健，作战谋略高明，策划仔细妥善，将领才能出众，士卒训练有素。史书撰者借以架构一个战争的故事，说明虽然李世民士卒不满四千，却能击败至少十万的窦建德大军。我们阅读之时，不妨神入人们心中，发挥想象力，尽情观看战役之前与战阵之中的风云变化。

因言贾祸——谏臣刘洎之死

唐太宗贞观十七年（643），魏徵过世，这时朝廷敢于进谏，又确能指陈太宗缺失的，大概只有宰相刘洎（jì）了。

《通鉴》卷一九七，贞观十八年，记有一段文字，大意如下：

皇帝学问好、反应快，又好与人辩难；大臣在朝廷表达意见，皇帝就援引古今事例，提出不同看法，这些大臣都说不过，也就不说了。刘洎上书劝谏，写道：

帝王与百姓，圣哲与常人，上下之间，相去很远，无法置于同一层次。所以，最笨的面对最聪明的，最低下的面对最高的，一心想有好的表现，也不可能做得到。

陛下如果和颜悦色，说些鼓励的话，也听听他们的陈述，接纳他们的意见，他们还未必就能坦然应对；何况陛下无比睿智，天资聪明，简单几句话，就指出其不足，再引用古代事例为证，说明不可行，大臣怎么敢再申诉己见，只有俯首无言。

臣以为，博闻强记，要下功夫，下多了，心地不清明；说话也需体力，说多了，精气受损伤。心不明气不足，显现于外，则形与神呈现疲态。虽然目前不觉得，时日久了则有害健康。陛下一定要为了天下社稷保养身体，不宜因为自己性情所好而有损圣躬。

秦王政逞强好辩，自以为了不起而人们不服；曹丕才高，文章写得很好，但空洞的内容，增加不了他的声望。这就是凭借聪明、展现才华的负面效应，陛下不妨引为借鉴。

太宗写了回信给刘洎：

不用心考虑，不能处理天下的事；不多说话，不能把自己的考虑让臣子知道。近日事多，谈论也多，态度不谦和，说话不谨慎，就犯了骄傲自大的毛病。至于你所提到勤于政事则心气形神受到损伤，我不以为然。今天读到你的建言，我知道自己的缺失，一定虚怀采纳，加以改正。

文本所记刘洎上书，要点有五：一是君臣之间，有着上下尊卑的"不对等"关系；二是太宗聪敏智慧，高人一等，又勤于读书，学识广博，虽为属实之言，不无奉承之意；三是太宗论事，过于炫耀才学，致使处于下位的臣僚，难以招架；四是身为帝王，问政处事过于勤勉，臣僚言辞之微过小误，亲加订正，有伤心神，无益健康；五是举秦王政、魏文帝曹丕为例，说明语言文章，不需过于讲求。

太宗的回应有二：一是为政勤勉，是帝王本分，虽云辛劳，在所不辞；二是言语谈论如有骄傲之嫌，自应改正。太宗感谢刘洎上书劝谏的心意，这还是大臣进谏、君主纳谏的美事一桩。但仍有续篇，请见《通鉴》。

太宗是看重刘洎的，就让刘洎辅佐太子李治（后来的唐高宗）。贞观十九年，太宗征高丽，行前对刘洎说："我今天要远征，你辅佐太子，关系国家安危，我把这个重责大任交给你，你要深切了解我的用心！"

刘洎回答："请陛下放心，如果哪个大臣有罪，我就立即把他处死。"

太宗觉得刘洎的话过于狂妄，很不得体，就说："你的个性倔强，做事不够精细又好出风头，这个缺点会让你失败，你行事要谨慎，一切小心啊！"

太宗征高丽回来，生病了，刘洎探病出来，脸色悲戚，颇为忧惧，对同僚说："圣上的病不轻啊，真让人担心不已。"

有人传话给太宗，说："刘洎出来后对人说，陛下的病不必担忧，我就辅助太子，像伊尹、霍光那样执掌朝政，如果大臣之中有不同意的，我就杀他，天下就安定无事了。"

胡三省注："就是因为前面有杀大臣的话，才有这样的话传给太宗，且为太宗所信。"

于是太宗下诏："刘洎与人私下商议，有非分之心，盼机会到来，就掌握朝政，自己处于伊尹、霍光那样的地位，把不同意的大臣都杀了。赐刘洎自尽，妻子免罪。"

此事就这么简单吗？恐怕未必。《通鉴考异》有所讨论："《实录》记，黄门侍郎褚遂良诬奏：'皇帝生病不必担心，我就辅佐太子即位，执掌政权如同伊尹、霍光，大臣不同意就杀了，天下自然安定。'太宗病好了，问刘洎，刘洎告以实情。褚遂良坚持不已。刘洎就请中书令马周为他做证，太宗问马周，马周说的与刘洎相同；太宗就诘问褚遂良，褚遂良坚持是刘洎说的，又强调马周为他隐讳。于是就定了刘洎的罪。"

《考异》的撰者接着写了一段按语："诬害人的事，普普通通的人都不会做；褚遂良是一个忠直的人，而且与刘洎没有怨仇，怎么会做呢？就是由于许敬宗讨厌褚遂良，所以在修《实录》时就把刘洎的死归咎于褚遂良。我们不相信，不写在《通鉴》中。"《考异》作者的理由，主要是褚遂良是忠直好人，许敬宗是小人，如此而已。

《新唐书·刘洎传》记，刘洎与马周一起去探望太宗，出来遇见褚遂良，《通鉴》提及传话的人，在《新唐书》中就是褚遂良，可见欧阳修相信《实录》所记。《新唐书》又记，刘洎死时，要求给他笔纸，有所陈述，狱吏不敢，未与。后来太宗知道了，处罚了狱吏，可知唐太宗对刘洎之死多少感到歉意。

我们观看赐死刘洎的案子，关键证据应是马周的供词。马周是一位正直细密、深得太宗信任的大臣，太宗不取马周提供的直接证据，而采褚遂良的间接转述，不无偏听之嫌，可知心中已有定见，只是事后念及，难免不安。

刘洎是一位能力强、敢直言的大臣。《新唐书·刘洎传》记：贞观七年，上书言及尚书积压诏敕，处理缓慢，由于主事者多为国亲勋贵，瞻前顾后，忧谗畏讥，不如贞观初年魏徵、戴胄任事时之明快有效。请精选能臣任职，可以提高效率，矫正风气。太宗就任命他出任尚书右丞，刘洎做事积极，于是尚书恢复了魏徵时的情况。

《通鉴》贞观十八年，有一段唐太宗品论群臣，言其得失的记述，对刘洎的评语："刘洎坚持道理原则，不稍退让，对于朝廷很有好处，重朋友情谊，说话算话，然不无结党之嫌。"（性最坚贞，有利益，然其意尚然诺，私于朋友）。刘洎在废太子承乾事件中，与宰相岑文本站在支持魏王泰这一边，恐怕是太宗说他有结党之嫌，也是褚遂良对他不满的原因吧。

欧阳修在《新唐书·刘洎传》的"赞曰"中说："刘洎的才能与表现，正是《易经》所说'作为大臣，忠直不阿顺（王臣蹇蹇）'这样的人。然而，个性刚强，不拘小节，辅佐太子，担负重任，说话不谨慎，为忌妒的人所陷害，遭到处死。啊！以太宗的英明，为一时气愤所蔽，刘洎的忠直不能为太宗谅解，况且资才驽下的人。古人一再强调说话要小心，为人臣怎能不谨慎呢！"欧阳修以刘洎之死归因于说话欠谨慎。我们看引文所录，也可感到刘洎的刚正耿直，劝谏之言，举秦王政与曹丕为例，太宗心中想必不悦，也可以说是举例不妥，表述不慎。

相对而言，魏徵进谏为史上美谈，我们看到魏徵的谏言，说理明晰，语气温和，处处顾及君主情面，但魏徵死后仍有"停婚仆碑"之事（取消公主下嫁魏徵长子，推倒为魏徵所写的碑）。《新唐书·魏徵传》赞曰："君臣之际，顾不难哉！以徵之忠，而太宗之睿，身殁未几，猜谮遂行。"即记其事。太宗对魏徵可谓十分敬重，徵亦谨守本分，尚且如此。刘洎才能为太宗赏识，刘洎之疏阔，太宗亦时时提醒，但终于因言贾祸。我们只能说一声："伴明君如伴猛虎，言行举止，都要谨慎小心啊！"

刘洎故事，多少指出：人的一生，成败荣辱，关乎性格；刚柔有偏，调整矫正，庶几免祸。

李璀自杀全忠孝

李璀（cuǐ）是李怀光的儿子，因李怀光叛变而死。

李怀光，渤海靺鞨人，原为郭子仪部将，作战勇猛，执法严峻，得到郭子仪的信任与重用。郭子仪罢职，部分兵马归李怀光，任以朔方节度使。泾原兵变，唐德宗避难奉天，朱泚（cǐ）在长安自立为帝，发兵猛攻奉天，几乎攻陷；李怀光率军兼程赶至，击败朱泚。当时人说，如果李怀光晚到三天，奉天必将不守。李怀光建有大功，指责大臣卢杞等，认为必须负起天下动乱的责任，卢杞遂进言德宗，不令怀光朝见。怀光心生恐惧，非但未遵命与李晟合击朱泚，反而与朱泚暗通款曲，威胁朝廷，德宗只有南幸梁州。朱泚败亡，李怀光面对唐朝名将李晟、浑瑊（jiān）、马燧等，手下将领纷纷投向朝廷，末路穷途，被部下杀死。接着，《通鉴》德宗贞元元年（785）这样记的：

以前，李怀光解奉天之围，德宗任命他的儿子李璀为监察御史，对他十分宠信。李怀光屯军咸阳，拒不奉命追讨朱泚，李璀就私下对德宗说："我的父亲必定会对不起陛下，请陛下早一点儿有所准备。我知道，侍奉国君和侍奉父亲是一样的，可是今天的情势，陛下不能诛除我的父亲，而我的父亲足以危害陛下。陛下待我很好，我们胡人个性耿直，所以有话就直说了。"

德宗听了很惊讶，说："我知道你是父亲喜欢的儿子，你应该为我想个处理的好方法，不应该私下谈这件事！"

李璀说："我的父亲不是不喜欢我，我也不是不敬爱父亲与宗族；只是我尽了一切的力量，不能让父亲回心转意。"

德宗说："那么，你怎么才可以免除责罚呢？"

李璀说："我向陛下报告，不是为了求生。我父亲失败，我就必须与父亲同死，我哪会有什么办法呢！假如我出卖父亲，就是为了免于死难，陛下怎么可以再任用我呢。"

德宗说："你不要死！我派你到咸阳去劝劝你父亲，让你父亲归顺朝廷，这样你们父子都不会死，不是很好吗！"

李璀去了咸阳，回来向德宗报告："没办法，一点儿办法都没有。只能盼望陛下好好准备，不要听信别人的话。我这次去，苦苦劝说，求了又求，父亲只说：'你年轻，懂什么！皇上说话不算话，不能相信。我不是贪图富贵，只是怕死而已。你怎么可以陷你父亲于死地呢！'"

这时，李泌被派赴陕州，德宗对他说："我所以再三要李怀光归顺，主要是怜惜李璀啊！你到陕州，试着为我招降李怀光。"

李泌说："陛下如果没有巡幸梁州，还可以招降李怀光。今天，李怀光已踩到了红线。哪有大臣追赶过国君，然后再立于朝廷的事呢！纵使这个臣子脸皮够厚，不知羞耻，陛下每次见到，会做何感想呢？我到了陕州，就是李怀光来降，我也不敢接受，何况还要去招他投降，更是不可。李璀固然是不错的人才，他必须与他父亲一起死！如果他不死，这个人也就太没出息，不值得善待了。"

李怀光死，李璀就杀了两个弟弟，然后又自杀。（胡注：春秋时楚国令尹子南与李璀都是为了遵守君臣、父子的伦常，没有可以妥善处置的办法，只有一死。真是可哀啊！）

李怀光为什么要叛变？《通鉴》等史书都指向他与卢杞的交恶。《新唐书》说他考虑事情不细密，而又坚持己见（疏而愎），他责备卢杞败坏朝政，声言应予诛除，而卢杞又是善于奉迎谄媚的大臣，很得德宗欢心，建议德宗命令李怀光乘胜追击朱泚，并说怀光如果入朝，必因赏宴劳军，流连时日，贻误军机。这个理由德宗相信，不令入朝，怀光至为憾恨，遂起叛变之念。

现代史学大师陈寅恪提出了另一解释，依据史料，李晟的神策军与李怀光的朔方军所得待遇的显著差异，激起怀光军中将士不满，是叛变的主要原因。余英时在《陈寅恪的学术精神与晚年心境》一文中，对陈先生的论述，做了很精要的说明，值得抄录于下：

让我特别郑重介绍陈先生与现实有关的唐史论文《论李怀光之叛》，以为陈先生"通古今之变"的史学精神做一种具体的说明。这篇文字甚短，兹引原文大旨如下：

唐代朱泚之乱，李怀光以赴难之功，忽变为通贼之叛将，自来论者多归咎于卢杞阻怀光之入觐，遂启其疑怨，有以致之，是固然矣；而于神策军与朔方军粮赐之不均一事，则未甚注意。

在征引了史料的说明粮赐不均的情况之后，陈先生感慨地说：

夫李晟所统之神策军者，当时中央政府直辖之禁军也，李怀光所统之朔方军者，别一系统之军队也，两者禀赐之额既相差若此，复同驻咸阳一隅之地，同战朱泚一党之人，而望别一系统之军队其士卒不以是而不平，其将领不因之而变叛，岂不难哉！岂不难哉！

最后复总结道：

然则怀光之所以能激变军心，与之同叛者，必别有一涉及全军共同利害之事实，足以供其发动，不止其个人与卢杞之关系而已。

这篇文章最初发表于 1937 年 7 月出版的《清华大学学报（自然科学版）》（第十二卷第三期）上面。细按文章的内容和出版的时间可知这是陈先生受了西安事变的刺激而特别撰写的。李怀光的地位、处境，以及叛变经过都和西安事变前后的张学良颇为相似。当时东北军之不满中央，除了要求一致对外的大题目之外，自觉在待遇方面受到歧视也是重要的促成因素。陈先生当日未必深知西安事变的详细情形，但他客观地研究历史上相类的史例，所得的结论竟大有助于我们对于西安事变的了解，足见他平日所持"在历史上求教训"之论绝不是一句空话。陈先生不早不迟地在西安事变之后写《论李怀光之叛》一文，并两发"岂不难哉"的感慨，他关怀世务的心情岂非昭然若揭乎？

余先生对寅恪先生文章的解读，当然是我们理解李怀光叛变原因的重要参考。

德宗为何那么喜欢李璀？我们从君臣对话中，可以明显感到德宗对李璀的欣赏，甚至可以因之愿意赦免其父李怀光的死罪。关于李璀，我们所知不多，只能借德宗的话语，想象德宗的心意，加以揣测。

李璀必然是一个让人喜欢的青年，应该是仪表整齐、行为端庄、态度谦逊、言谈优雅，当然也少不了巧言令色的功夫，言行举止都会让德宗感到愉悦。就连李泌也说他是不错的人才，既肯定李璀的才德，也符合皇上的喜好。

唐德宗是一个自以为是的昏君，喜欢的大臣，都是身段柔软、言辞谄媚之辈。李泌深知德宗的个性，对他说话十分谨慎，甚至有点儿虚伪的话也说得出口。例如，卢杞遇赦，德宗想任命他为大郡刺史，朝臣以为卢杞有大过，不宜再任要职，德宗很生气，李泌不言。群臣力争不已，德宗对李泌说：我已同意他们的意见，不任命为大州刺史，只让卢杞当个小州别驾。李泌回答："这些日子，外面把陛下比作汉末的桓帝、灵帝，今天听到陛下的话，感觉就是尧、舜也比不上陛下啊！"够虚伪吧。但是，李泌非常能做事，胡三省说，唐代宰相，姚崇之后无人比得上李泌。（自李泌为相，观其处置天下事，姚崇以来未之有也。）

　　李泌很清楚地告诉德宗，李怀光的作为已是罪无可赦，必须处死，而且是族诛；李璀是怀光的儿子，由于怀光罪大恶极，李璀也绝无生路。律令之外，从君臣伦理上看，李怀光必须处死；从父子伦理上看，由于怀光罪大，李璀及其弟也必死无疑。德宗欣赏、喜欢李璀，很想为李璀开一生路，李泌不能同意，就是李璀也知道绝无可能。这也是李璀最后为了不让其弟公然受辱，手刃之，然后自杀的原因吧。

从陆贽的献策看策略的拟定

陆贽，是中国历史上名声响亮的人物，因为他的文笔极好，用漂亮的骈体文论事说理，深刻明晰。他为唐德宗写的《罪己诏》更是千古名文，只是他用的不是"古文"，也就未收录在《古文观止》中。然而，《陆宣公奏议》一直为历代士人所喜读，只是为今天的读者所了解大概就很有限了。

陆贽由于文名甚高，唐德宗需要撰写诏书文告的大手笔，就把他请入朝廷。这时，德宗派兵进讨不奉朝命的魏博、成德、淮西等两河藩镇，由于军事进展不顺利，东都洛阳备受威胁，德宗调遣关内诸镇兵马救援。泾原节度使姚令言率兵五千路经长安，兵士未能得到期望的犒赏，十分不满，哗然反叛，进入京城，冲向宫中宝库，恣意抢夺，德宗仓皇出走，即所谓"泾原兵变"。德宗逃向奉天，叛兵拥立软禁长安城中的前泾原节度使朱泚为主，并攻向奉天。朱泚有其声望，获得相当支持，军势甚盛，全力进攻奉天。德宗幸有名将浑瑊等防卫有术，奋力抵御，终于挺过难关，待朔方节度使李怀光率援军到达，陆贽再为德宗写了一篇文字诚挚恳切——"山东宣布赦书，士卒皆感泣"的《罪己诏》，乱事方告平定，即所谓"奉天定难"。德宗回到长安之前，又发生了李怀光遭忌叛变事件，德宗避走汉中，李怀光为李晟所败，遂自杀。

泾原兵变以来，德宗身处险境，对陆贽十分亲信，虽然有宰相，但大小事都问陆贽，陆贽当时有"内相"之称。有一次与陆贽走失，德宗十分紧张、害怕，下令找到陆贽者有重赏；直到陆贽出现在眼前，才放下心中的石头。尽管如此，陆贽的意见，总是不顺着他的心意，他总是不大愿意听从。所以，迟迟不任陆贽为宰相。回到长安之后，德宗把李泌召至朝廷，拜相。李泌既能处理各种事务，颇见成效，又不违忤德宗之意，是一位政治手腕极其高明的杰出人物。

德宗贞元九年（793），李泌已死，德宗任陆贽为相，发生了一件事，兹根据《通鉴》卷二三四记载，叙述于下：

宣武节度使刘士宁，资望不足，诸将不服，待下属苛虐，士卒多怨恨。手下大将李万荣很得众心，刘士宁就除去李万荣兵权。李万荣趁刘士宁带了两万人出外游猎，直入节度使府中，假传诏令，征刘士宁入朝，以自己代理其职，并出钱赏赐留在当地的将士，大家都很高兴，表示听命；接着关闭城门，派人告知刘士宁，要他立即上路。刘士宁知道士卒多不服，也只有逃归京师。

节度使遭手下将领逐出，犯了两河藩镇的大忌。淮西节度使吴少诚听说此事，派人至宣武镇质问，李万荣既得士卒支持，不以为意，出言嘲讽，吴少诚也无可奈何。

朝廷怎么处理此事？德宗问陆贽。陆贽上奏，认为这件事已经告一段落，应该派朝臣前往慰劳，并了解情况；又说，刘士宁被赶走，虽然不是没有原因，但李万荣控有宣武，并不是朝廷的命令。这个关键时刻，一定要很谨慎，很小心地处理。德宗派人告知陆贽，这件事应该快快处理，时间拖久了不好，当天可以派一位亲王去担任节度使，让李万荣担任"留后"，即同于副使，任职的诏令可以立即发出。

陆贽再上奏，陈述不能同意的理由。

首先，他说道：我虽然带兵打仗不行，但对用兵谋略、事情处理或有所长。我们对情势要能清楚了解，才能够有所掌控；对人物要有充分认识，才知道怎样任用。我们看李万荣的奏章，他的内心相当紧张，一点儿都不坦然，只是急着得到名位，完全没有一点儿谦让的风度，从这方面观察，李万荣不是好人。李万荣是滑州人，他对同乡士卒特别照顾，而这些人总共不过三千，其他各营将士已有不少怨言。从这一点看，李万荣也称不上是将才。这种人一旦得志，不是犯上叛逆，就是作战失败。

其次，李万荣逾越规矩，强求节度使，这是不正常的；我们心里不愿意，又勉强答应，这是不诚实。君臣之间不正常、不诚实，必然产生矛盾，政事难以施展；与其答应了将来麻烦，不如今天就拒绝以免后患。君臣之间有其规矩，臣下顺从，天经地义。

再次，藩镇的节度使，专制一地，要找出他的过错，十分容易。如果手下之人赶走镇帅即可取而代之，有心者如有机会，必然跃跃欲试，祸源一启，难以遏止；不只是乱事不绝，而且开了谋逆之门。

再说，刘士宁被逐，是突发事件，宣武镇的各地守将都未参与，也不是全城人们同心协力。现在每个人都在计算成败的可能，都在想应该如何做才不背负叛逆恶名，怎么肯与李万荣一起冒险做坏事？皇上只要从文武大员中，选任一人命为节度使，同时对李万荣有所褒奖，派到别处，予以重用；也对全镇将士加以慰劳，厚予赏赐。这样处理，依当时局势看来，可谓合情合理，应被接纳，当地即可回归正常；李万荣即使不满，也不能有所作为。

最后，陆贽说，如果依这个策略去做，达不到原先的目标，便自请处分，为失败负完全责任。

德宗不答应，派通王李谌为宣武节度大使，以李万荣为留后。

德宗决定的处置方法，陆贽不以为然。

我们归纳陆贽的处理对策，可以看到几个特点。第一，态度很重要，面对情况，要重视，要谨慎，要多想一想，不可掉以轻心，仓促做出决定。第二，要了解对手，此人是怎样的人，从所见到的信息，进行人物分析，可知事情处理的难易程度，并决定策略的方向。第三，要有整体的认知，我们可以依平时的关心与理解，想象当地情景，神入当地人们心中，揣摩其心意，必有助于做出正确的判断。第四，要讲道理，每一项考虑都要合乎"道理"，人世间的事务，必有可资依循的规则，这是考虑每一项情况时都须遵奉，不可轻忽的。

既然陆贽说得这么明白，德宗为什么不采用？这就是唐德宗。唐德宗就是这样个性的人，危难之时，依靠有能力的臣子，替他解危平难；情势稍稍稳定，他就自以为是，我行我素。德宗何以如此呢？只能说德宗个性如此。《通鉴》卷二三〇，兴元元年（784）记：陆贽曾对德宗说："陛下非常聪明，反应敏锐，不大看得起一般人，觉得自己一人就可以处理所有事务，谋略胜过众人，对臣下防范过度。陛下很了解臣民情况，最能洞烛先机，既是用严刑监管百官，又想用威力制服四方。"（陛下智出庶物，有轻待人臣之心；思周万机，有独驭区寓之意；谋吞众略，有过慎之防；明照群情，有先事之察；严束百辟，有任刑致理之规；威制四方，有以力胜残之志。）胡三省读到这里写下了一条注语："此数语，曲尽德宗心事，异日安免追仇乎！"指出德宗的"心事"，也就是德宗自以为是的刚愎个性。至于"追仇"，指德宗听信佞臣裴延龄谗言，远贬陆贽，引起群臣朝野的极大不满，这已是贞元十年（794）的事了。

最后，把范文澜在《中国通史简编》中对唐德宗的描述，抄录于下，或可参考：

> 唐德宗是不同于唐肃宗、唐代宗的昏君。肃、代猜忌功臣，唐德宗的猜忌心表现得尤其突出。肃、代对强横者姑息，唐肃宗被史家描写为"温仁"，唐代宗也被称为"宽

仁"，实际都是庸懦人物；唐德宗急躁，是一个轻率妄动、刚愎自用的人物。

简单地小结：我们面对问题，需拟策略，学学陆贽；我们负责某事，需做决定，唐德宗是反面教材，万不可学。

县尉徐晦因何被保荐

《通鉴·唐纪》宪宗元和四年（809），有这么一段记载，改写为白话文于下：

七月，御史中丞李夷简弹劾京兆尹杨凭，以前在江西观察使任内，贪污金钱，而且行为乖张，生活奢靡，逾越了必须遵守的礼制与法令，于是朝廷将杨凭贬为临贺尉，让其做个小官。临贺属苍梧郡，在今天广西。宪宗命令把杨凭的资产全部没收充公。李绛劝谏，认为按照法制，不是犯了谋反罪，不得没收家产。宪宗才罢手。

杨凭的亲友都不敢为他送别，只有栎阳尉徐晦到蓝田送别。太常卿权德舆与徐晦很要好，对徐晦说："你为杨凭送行，有此胆量我们都很钦佩，只是你不怕受到牵累吗？"徐晦说："我未入仕就受到杨公赏识，又经他提拔，有知遇之恩。今天杨公因事远贬，我怎么能够不去送别呢？如果有一天，你受到冤屈，也被贬出朝廷，我能够如同路人一样不来为你送行吗？"权德舆很感动，就向朝廷的同僚称赞徐晦。过了几天，李夷简保荐徐晦为监察御史，徐晦前往致谢，问李夷简："我从来不认识您，您为什么要推荐我？"李夷简说："你不辜负杨凭，怎么会辜负国家呢？"

这样的一个故事，其要旨何在？官员们的小故事，人世间的大道理。简单地说，徐晦做了自己认为应该做的事，就是去蓝田为杨凭送别。这有什么困难呢？因为宪宗对杨凭很生气，要抄他的家，虽然被李绛劝阻，大家都知道君主对杨凭发了很大的脾气，前往送别就是冒犯君威，如同拉扯老虎的胡须，非常危险；而徐晦不害怕，毅然前往，报答知遇之恩。

徐晦的行为，显示出这个社会是有情有义的；他不惧危难，展现出发自人性的情义，十分感人，弹劾杨凭的李夷简受到感动，进而推荐徐晦担任朝廷要职。

从李吉甫和李绛看君臣关系的两型

　　谈到"君臣关系"，理想当属君明臣贤，即国君圣明，臣子贤能。就如尧之为君，至德感人，万邦协和；舜之为君，任用贤能，臣下各有职责，如：管理工程建设的大禹，粮食生产的弃（后稷），训导教育的契，刑律处罚的皋陶，山林川泽的伯益，以及礼仪祭祀的伯夷等，各尽其能，解决问题，照顾民众，增进文明。这是《尚书》所记，也是理想的君臣典范，永为后世向往。实际情形，应非如此简单，而是相当复杂，呈现不同形态，这里不作形态的分析，只想举两个例子，稍做谈论。请看《通鉴》卷二三八，唐宪宗元和七年（812）的一段记载。

　　　　皇帝在延英殿，李吉甫说："天下已经太平无事，陛下可以享乐一番。"

　　　　李绛说："汉文帝的时候，没有战事，家给人足。贾谊还是以为如同薪材之下点着火，随时会酿成灾害，不可以说是安全。今天朝廷法令管不到河南、河北五十几个州；吐蕃等外患威胁着西北，泾、陇一带随时见到示警的烽火。加上水灾、旱灾时时发生，粮仓不少空着，正是陛下勤于为政的时刻，怎么说是天下太平，可以享乐呢！"

宪宗说："你的话正合我心。"

下朝后对左右的人说："李吉甫专门讨好我，李绛才是真宰相。"

李吉甫说："大臣不应该一意指陈皇上的缺失，如果朝廷上下，君主很高兴，臣子很安心，不是很好吗？"

李绛说："作为臣下就应该苦口婆心指陈君主得失。如果君主有缺失，臣子不说，使君主犯下大错，怎么能说忠于国君呢？"

宪宗说："李绛说得对！"

李吉甫回到中书，不看公文，只是长吁短叹。李绛只要有一段时间未进谏言，宪宗就会问："是不是我不容批评，还是没什么事可说？"

李吉甫又对宪宗说："赏与罚是国君施政之时，手中掌握的两项权柄，不可以有所偏废。陛下登基以来，对百姓很好，只是威刑方面做得不够，各方面都显得懈怠，希望在这方面有所加强。"

宪宗对李绛说："你觉得如何？"

李绛回答："理想的治理，是崇尚德行，而不是运用刑罚。我们不可以舍弃周成王、周康王、汉文帝、汉景帝的爱民典范而去学秦始皇父子的严刑峻法。"

宪宗说："你说的对！"

十几天后，于頔（dí）向宪宗建言，也劝皇上采用严刑峻法。过了几天，宪宗对宰相说："于頔是个大奸臣，劝我用严刑，你们知道他的意思吗？"

都说："不知道。"

宪宗说："他要我失去民心！"

李吉甫听了脸都涨红了，下朝之后，几天都低着头，笑不出来。

从字面意思解读，李吉甫一心一意讨好宪宗，既要皇上享乐，又不要臣下进谏，还要皇上运用刑罚，整顿朝纲；只是宪宗英明，不为所动，而且赞成李绛的主张，驳斥李吉甫的意见。

宪宗可谓明君，李绛当属贤臣，君明臣贤，天下必治。是吗？我觉得对史书的记载不能这样理解。关键在于李吉甫是一个怎样的大臣，他不是一个只会阿谀、谄媚、讨好君主的大臣，也不是那种意见不为君主采纳、遭到驳斥，只有长吁短叹、徒呼负负、毫无作为的大臣。李吉甫十分能干，宪宗即位之初，对他颇为倚重，他也表现不凡，尤其是处理藩镇事务，贡献殊多。宪宗平定四川的刘辟与浙西的李锜，他出谋划策，展现了处事的长才，受到宪宗赏识。《通鉴》宪宗元和十年（815）记："上自李吉甫薨，悉以用兵事委武元衡。"可知李吉甫在宪宗身旁协助处理军务，运筹帷幄，深得信任；用兵以外的其他政事，李吉甫必也多有献计，为宪宗实行。《通鉴》有所记载，此处不再赘述。

李吉甫是个能力很强的宰相，一心希望得到皇上信任与授权，他可以选用能吏，授以职务，严加监督，责其成效，有功则赏，有过必罚，赏罚分明，事无壅蔽，虽然达不到化民成俗的理想，但是足以保证社会民生的安定。简而言之，李吉甫想要扮演向皇上负责的管理者角色，皇帝高高在上，不须宵衣旰食，不妨稍事享乐。官员们只要做好分内的工作，无须关心皇帝的举措，不必提出惹恼国君的谏言。于是，君悦于上，臣安于下，朝廷气氛融洽和谐，军国政事顺利推行，岂不是很好的朝政运作？李吉甫并没有要架空皇上，大权独揽，只是要皇上赋予足够的权力，完成国政管理者应有的职责。

李吉甫在政事上表现亮眼，如撰《元和国计簿》总计全国各地的州县赋税；任淮南节度使三年，在地方兴修水利，溉田万顷。李吉甫对朝廷的冗官、闲吏尤其不耐，力主裁减，也得到宪宗及其他朝臣相挺，"省冗官八百员，吏千四百员"（《新唐书·李吉甫传》）。相对而言，为官择人必须严谨，所用也多干才。

《新唐书》说："起初，李吉甫主政，综合各方，精心处理，把事情办得很好。引荐术德兼修的人才，让他们尽情发挥，对于忠臣之后，也多予任用，以鼓励臣僚，效法义行。到了再度辅政，天下百姓，满怀期待；而这时他稍欠大公之心，挟怨报复，李藩罢相，裴垍（jì）降职，都与他有关，人们对他不无疑虑。宪宗也感到他专擅朝政，不能放心，于是提拔李绛，李绛与他之间，也就有了嫌隙；李吉甫若与李绛有所争议，宪宗总是站在李绛这边。但是，李吉甫仍然是奉公守法，不加害于人，是颇识为政大体的大臣。"（始，吉甫当国，经综政事，众职咸治。引荐贤士大夫，爱善无遗，褒忠臣后，以起义烈……及再辅政，天下想望风采，而稍修怨，罢李藩宰相，而裴垍左迁，皆其谋也……帝亦知其专，乃进李绛，遂与有隙；数争辩殿上，帝多直绛。然畏慎奉法，不忮害，顾大体。）

李吉甫真是一位能干的管理者、经营者，对自己的能力太有信心，因而恃才傲物，恃宠而骄，不经意间踩到了红线，得罪了至高无上的领导。幸而这位大皇帝不是猜忌刻薄的昏君，只是不认同他的治国路线而已。这样的发展，让我们看到了李吉甫心中君臣关系的"模式"及其限制了。

李绛呢？他是一个对当前局势有清楚了解，知道如何应付时局的大臣。他一再强调河北藩镇已结为一体，有其习俗与信念，自成文化，一时难以撼动，不可贸然动武；不若先处理淮西这个桀骜不驯的藩镇，因为淮西地近洛阳，东都受其威胁；而其四周为朝廷州县包围，孤悬于外，河北强藩援助不易，朝廷只要勠力以赴，颇有胜算。但言及君臣关系，李绛意见就与李吉甫大相径庭了。

李绛认为君主应以三代圣君为法，先要树立至高的道德形象。宪宗即位未久，问他："我要怎么做方能达到像太宗贞观、玄宗开元那样的盛世？"李绛的回答，首先举出"端正身心，修炼不已；尊敬有德之士，远离佞幸小人，进用忠良人才。"（正身励己，尊道德，远邪佞，进忠直。）接下来就是一套儒家施政的典型做法，如：言而有信、与贤者游、去无益之官员、择优良之将帅、法令行于下、教化笃而成等，受到宪宗的赞赏。

在李绛的观念里，君主能否有如明君的作为，臣下的劝谏很重要。臣下的重要任务就是告知皇上，有些事是不可做的，有些事应该如何做等。君主的态度也很重要，不可以拒谏。

《通鉴》载元和二年，宪宗问李绛："谏官批评朝政，许多都不是事实，我想找一两个最嚣张的处罚一下，让其他人知所警惕，你看怎么样？"

李绛回答："这一定不是陛下的意思，不知道是哪一个坏人想要蒙蔽陛下。一个大臣的死与生，决定于君主的怒与喜，敢开口提出谏言的，能有几人？这些要提出谏言的臣子，白天黑夜都在想，要怎样才不惹祸上身，这里删掉，那里除去，剩下的只有原来想讲的十分之二三都不到。作为君主应该希望臣下多进谏，应该担心没人开口，怎么可以用判罪来吓唬！如果这样的话，天下人都闭口不言，这绝不是国家社会的福气。"

宪宗觉得有理，就不再提馊主意了。

元和四年，大旱不雨，宪宗想要下道祈雨的诏令，李绛和白居易举出几个重点，一、减百姓的租税；二、宫中宫人太多，可以让多余的宫女出宫，既合于人情，又节省费用；三、禁止地方以供奉朝廷为名义，敛取民间财物；四、岭南、黔中、福建等地有掠良人为奴婢的风气，须严令禁止。这些意见均为宪宗采纳，诏下，雨降。李绛在贺表中说："我们可以知道：先担忧一些事，就能无忧；等事情发生了才担忧，对于事情没有帮助。"（乃知忧先于事，故能无忧；事至而忧，无救于事。）真是一句好话语。

元和五年，李绛当着宪宗的面，批评宠幸的宦官吐突承璀过于专横，语气很沉重，态度很诚挚。宪宗板起面孔说："你说得太过分了吧！"

李绛流着泪说："陛下相信我，让我在这个可以直言的位置，如果我有所回避，怕惹祸不敢进谏，是我对不起陛下；如果我说了，而陛下讨厌不想听，是陛下对不起我。"

宪宗怒气稍减，说："你的话都是别人不敢说的，让我听到了在别的地方听不到的，你真是忠臣，以后你还是应该这样尽量提出批评。"

这一类的事情，《通鉴》尚有一些，就不再引述了。

李绛是翰林学士，职司进言，亦可劝谏，与宰相负责军国大政固然有异。但李绛心中的理想政治，是国君有着圣君的形象，又有明君的作为；臣子的主要职责，无非就是努力帮助国君，使朝政步上正道，让百姓妥受照顾，由安定富裕而教化大行，向着三代之治的理想目标迈进。作为一个臣子，是把民间的疾苦或欢乐让君主知悉，同时建议君主应该采用怎样的措施，方能收到照顾百姓的成效。也就是说，李绛心中的大臣，扮演着传达者、辅导者的角色。这样的君臣关系模式，与李吉甫模式，大臣扮演的管理者、经营者大异其趣。如果从国君是否可以批评的角度来说，李吉甫模式显然以"尊君"为特点，而李绛模式则以"爱民"为重心。

如果这样的分析没有大误，我们不妨问三个问题。

首先，宪宗喜欢哪一种模式？照前引《通鉴》文本，宪宗都同意李绛所言，反驳李吉甫主张，似乎赞赏李绛模式。但是仔细想想，国君拒绝李吉甫的建言，需要很大的勇气，也要很高的智慧；宪宗虽有缔造"元和中兴"的伟业，似乎仍难以摆脱李吉甫所设的尊君模式。李绛一再劝宪宗不可过度宠幸大宦官吐突承璀，宪宗一再敷衍，是一例。俟李愬（sù）风雪夜入蔡州，擒吴元济，平淮西；宪宗以为功业已成，生活骄奢，任用聚敛小人为相，裴度等大臣极谏，不听，是又一例。甚至听信方士柳泌，为他合长生之药，柳泌以天台山多灵草，求为台州刺史。谏官上言，昔时君主好神仙，从不任命方士为地方官，宪宗说："只是用一个州的力量，就能让国君长生，你们就不要舍不得了。"所有的臣子听了这句话，都闭嘴了。这个例子更能说明，在宪宗眼中，平民百姓没什么地位，李绛爱民之说，并未深植心中。

第二个问题，《通鉴》的书写者司马光与范祖禹，怎么看这两种君臣关系的模式呢？很明显，书写者偏爱李绛模式，所引文本已经清楚呈现了。李绛的话都对，都值得肯定；但李吉甫一无是处吗？看来是的，可见书写者的主观评价也就十分明白了。当然，这与书写者反对用法治国有关，多少也有反对王安石新法的意思，但这里最多可以推测，《通鉴》关于牛李党争的叙事中，有其立场，偏向牛党，宪宗晚年的文本中已经有所显露了。

第三个问题，您看了这篇小文，如果也同意两种模式说法应可成立，您赞同哪一种呢？如果您要问我，我只能说，很难取舍啊。比起李吉甫，我会多喜欢一点儿李绛。当然，这是主观的感受，是无法计量的。

《通鉴》胡注的启示二则（卷一三一、一三二）

　　《通鉴》的胡三省注语，清代考据学者重视其官制与地理的研究，史学大师陈垣强调其遗民身世的志节。我们只是普通读者，阅读《通鉴》，若能留意胡注中只言词组的感喟，或细读一段小小议论，对我们理解文本，大有帮助。留意胡注好像阅读名著，经由指点，得到了一些提示，诸如："我在这里想到了这些""我读了很感动，你呢？"等。我们读《通鉴》，宛如在一片森林中踽踽独行，需要一块指示的路标，或一盏引路的明灯；我认为胡三省的注，就扮演这样的角色。

一、李䜣请立郡学

　　《通鉴》卷一三一，记南北朝事。其中记曰："魏初立郡学，置博士、助教、生员，从中书令高允、相州刺史李䜣之请也。"（466）

胡三省写了一条稍长的注语：

> 古者，家有塾，党有庠，卫有序，国有学。秦虽焚书坑儒，齐、鲁学者未尝废业。汉文翁守蜀，起立学官，学者比齐、鲁。武帝令天下郡国皆立学校官，则学官之立尚矣。此书魏初立郡学，置官及生员者，盖悲五胡兵争，不暇立学，魏起北荒，数世之后始及此；既悲之，犹幸斯文之坠地而复振也。

我们读了《通鉴》文本的这一句话，会想到什么？大概是北魏在地方上设学校，其制度如何吧，诸如：老师聘自何方？学生如何招收？他们读些什么书？毕业出路如何？这类我们今天关心的问题。我们也会因为《通鉴》所述过于简略而感到遗憾。然而，我们看看胡三省想到了什么？他想到了这片大地上，文化教育生态的起落与变化，想起了由盛而衰的景象，兴起了无限感慨，足以让他用"悲"这个字来总括。不过，北魏结束了五胡十六国时代遍地干戈的扰攘，地方学校得以恢复设立，也稍稍感到安慰了。

胡三省读史时，一件史事，既追源溯始，从头想起，何时初现，有何发展，何以中衰，不无感慨；见到契机萌现，则稍有安慰，这是时间上的纵深。另外，那是文明兴盛的大地，胡人举事，烽烟处处，动乱不已，百姓无以安居，文明遭到摧残，北魏结束乱局，破败的大地重燃生机，这是空间的辽阔。读到制度，追溯整体发展，从变化中明白其具体意义，不要只注重制度规章的细则。这是胡注给我们的启示。

胡三省谈北魏地方学制，用了"悲"字，值得我们注意。这个字可以说是高允、李䜣的感受吗？我们看不出来，但可以说是胡氏本人的深刻感受。胡氏读史，仔细思辨固然不少，但感情的抒发亦从不避嫌。读史要有感有情，也给我们一定的启示。

高允表现令人钦敬，是《通鉴》中着力描述的人物，李䜣呢？多少是以负面人物现身《通鉴》。李䜣事迹，请参见《魏书》本传。他的曾祖父李产，祖父李绩，都是慕容燕的名臣。李䜣庶出，为诸兄看不起；入都为中书学生，魏太武帝至中书学，见到李䜣，印象很好。太武帝舅父杜超有女，待嫁贵戚，太武帝劝请，表妹遂嫁与李䜣；杜超死，李䜣参与丧事，太武帝看在眼里，相当满意，对左右说："看看这个人处理事情，别人哪比得上，将来一定成为朝廷的栋梁人才。"《魏书》本传以"聪敏机辩，强记明察"八字形容他。我们可以看出李䜣杰出之处，在于此人所知甚广，思虑细密；处理事情，反应敏锐，掌握要点；叙述事情，有凭有据，条理清晰。这样看来，李䜣的风格，与崔浩颇为接近，属于太武帝喜欢的类型。

一次，朝廷要为皇孙的老师选一位助教，崔浩推荐族人崔箱子、卢度世（卢玄之子）、李敷（李顺之子）三人，太武帝心中只想要李䜣，问崔浩为何不推荐李䜣；崔浩说，李䜣在外地当官，太武帝说将他调回朝廷即可。于是，李䜣就做了助教。

这位皇孙就是北魏的献文帝。

献文帝即位之后，一次对群臣说："我读书的时候，并不专心，天天要管这么多事，根本没时间温习课业。所以，我的学问不好，对儒学、道家所知有限。尽管过错在我，但老师教导松散，也是原因。"李䜣谢罪，贬黜为相州刺史。李䜣上书请建郡学，正在相州任内。

李䜣后来在政坛的起伏，与最后被诛，《通鉴》虽有述及，终不如《魏书》之详尽。简言之，李䜣之诛，主要是任用小人，贪赃舞弊，不念李敷之恩，妄加陷害，可谓罪不容赦，咎由自取。

我们的问题是：李䜣提倡建立郡学，目的何在？"受业有成，贡之王府"，大概也是在于办事能力的训练，有如今天重视的管理人才；至于心性修养之德，待人处世之道，则非教学着重之处。他个人的表现，即其一例。

二、青、齐之地入魏

南北朝时期，今天山东地区，初为南朝所有，宋末为北朝取得。魏晋南北朝史名家唐长孺有一段简要的说明："自刘裕灭南燕后，这一块土地归于东晋、刘宋达六十年（410—469）。北魏献文帝的天安元年（466），由于宋朝发生皇位继承之争，青、齐豪强分党混战，勾引魏军，魏将慕容白曜（yào）进兵青、齐，经过两年多的战争，至皇兴三年（469）遂归魏有。"（见唐长孺《北魏的青齐土民》一文。这段时期，《通鉴》记于卷一三一至卷一三二）

467年，魏将慕容白曜率骑兵五万进攻无盐，大军先至城下，将佐以为攻城器械未到，不宜进攻。左司马郦范说："今天行军快速，深入敌境，不能放慢脚步。守将申纂（zuǎn）一定以为我们不会攻城，就不会积极防备，我们可以出其不意，一鼓作气，加以攻克。"胡三省的注语是：

> 师速而疾者，略也；略，谓略地也，无暇于攻城围邑。白曜以形形申纂，故料其不为备也。

主要是解释北方骑兵的快速运动，略地为先，攻城继之。前锋虽已到达，攻城器械尚未运至，魏军将士不认为是攻城最佳时刻，守城的宋人也不以为魏军即将进攻。把申纂的想法用魏军将士想法来比拟，得出同样的观点，这就是"以形形之"的意思。郦范的建议，将大军撤退，让宋人放松警戒。于是，夜间做好攻城准备，拂晓发动攻击，不到半天即攻取无盐。申纂败走，为魏擒杀。郦范策略主要考虑心理方面，《通鉴》文本记录此后郦范的几个重要建议，也大多从人们的心理去考虑。附带一提，郦范有一个著名的儿子，就是注《水经》的郦道元。

同卷，房崇吉守升城，能够打仗的兵士仅七百人，慕容白曜筑长围，三个月后攻下。崇吉只身逃出，母亲傅氏、申纂的妻子贾氏，与北魏济州刺史卢度世有亲戚关系，只是相当疏远。两人为魏所掳，投奔卢度世，度世奉事两位老妇人很恭敬，提供的生活所需也很充裕。胡三省注：

　　　　亲者毋失其为亲，故者毋失其为故，其卢度世之谓乎。

　　胡三省读到这里很感动，就把他对卢度世的钦敬之情记了下来。《通鉴》接着写到卢度世的大家庭，温暖而有规矩，有时平顺，有时艰困，人人都和和乐乐，过着同样的日子。胡三省的注：

　　　　史言卢度世有行。

　　也是很称赞的话。如果我们翻看《魏书》，可以看到卢度世与两位老妇人的亲戚关系，房崇吉是卢度世继外祖母哥哥的儿子，申纂妻子贾氏则是房崇吉姑姑的女儿。两位妇人“亡破军途，老病憔悴”，卢度世非但收容，而且恭谨接待。卢度世的两个儿子也能承继父志，善待投靠亲族，遂成百口之家，为史上佳话。

　　我想到了钱穆关于北方士族的著名论断，抄录于下，以供参考：

北方士族则处胡族压逼之下，不得不厚结民众，借以增强自己之地位。

　　……

　　北方士族处于艰苦境况下，心理上时有戒防，时抱存恤之同情，其家族组织之演进，趋于团结而为大家庭制。

　　……

　　北方自五胡迄元魏、齐、周，历代王室对士族逐步加以重视与援用，而北方士族终于握到北方政治之中心势力，而开隋、唐之复盛。（钱穆:《国史大纲》）

　　此时慕容白曜之用兵，颇有进展，但崔道固的历城，沈文秀的东阳，是宋将坚守的两座城池。慕容白曜攻向历城，沈文秀遣使迎降，并请派兵增援。慕容白曜同意遣兵前往。郦范说:"沈文秀家在江南，握有精兵数万，城池坚固，器械精良。我们一军尚未到东阳城下，他们为什么要投降？实在没有理由。再看看他们的这个使者，说话时头也不抬，眼睛不敢正视;所说的话就是这么几句，重复拖沓（视下而色愧，语烦而志怯），显然是一场骗局，想诱我们入他们的圈套，千万不可中计。"胡三省在此写下了注语:

　　春秋之时，诸侯交兵，谋人之军师者，多能以此觇敌;郦范亦祖其故智耳。

我们立刻会想到春秋末年，三家分晋时的一幕，即见于《通鉴》开篇第二条的著名故事。智伯联合魏与韩，要灭掉赵，用水淹晋阳，只差"三版"即六尺，即可灌进城内。智伯当着魏桓子、韩康子说："我今天知道用水可以灭人之国。"智伯手下絺疵（chī cī）对智伯说："韩、魏必反。"

智伯问："你怎么知道？"

絺疵说："从人事的道理上得知。赵亡了，他们两国就要担心，下一个亡国的是不是他们。再说，大家说好，赵灭了，分其土地，今天赵亡在旦夕，韩、魏应该高兴才对，您看他们两人，一脸愁容，毫无喜色，不是想反叛，还会是什么？"

智伯说问了两人，两人连忙否认，还说："有人要为赵氏游说，松懈攻赵的力量，我们当然想要得到灭赵的好处，不会自找麻烦。"

絺疵见到智伯问："您是不是把我说的话，告诉了韩康子与魏桓子？"

智伯说："你怎么知道？"

絺疵说："我看到他们二人，见了我，眼睛瞪着我，很快就走开（端而趋疾），就是知道我了解他们的心意。"

智伯没放在心上。

《通鉴》开篇的这个故事，讲絺疵从韩康子、魏桓子的表情与姿态中，探知了他们的心意。我想，胡三省是用这个例子来印证郦范的判断，至少，他不会反对。也让我想起了西班牙哲学家奥尔特加·加塞特说的话："比起语言和行为，更应该去注意那些看起来不太重要的东西：姿态和表情。正因为姿态和表情并非刻意流露，它们能意外地透露出心底深处的秘密，而且准确地将之反映出来。"

沈文秀守东阳，苦撑三年，469年，终于为魏所掳，沈文秀的志节得到北魏君臣的敬重，而青、冀之地，也就尽入于魏。魏论功行赏，以慕容白曜为青州刺史，晋爵济南王。《通鉴》记："白曜抚御有方，东人安之。"胡注：

> 荀卿有言，兼并易也，坚凝之难。魏并青、徐，淮北四州之民未忘宋也；惟其抚御有方，民安其生，不复引领南望矣。《书》云：抚我则后，虐我则雠。信哉！

胡三省读了"抚御有方，东人安之"八个字，写下了这条注语。我们要问：他读的时候想到了什么？他如何把自己的想法表述出来？很明显，他想到的是淮北四州的百姓，想到他们得到了安定的生活，摆脱了战火动乱之苦，为他们庆幸。安定的生活，应是百姓最为根本的要求，重要性远超过南北之异、胡汉之别。对于一位未曾"忘宋"的遗民，写下"民安其生，不复引领南望"的字句，固有其感慨，但也认定这是事理之当然，必无疑虑。至于表述的手法，我们看到胡氏引用了荀子的话与《尚书》的文字，无非解释"抚御有方"四字，一方面指出要做到很难啊！另一方面强调统治者的心意，要像照顾自己的子女那样来照顾爱护地方百姓，百姓因而由衷拥戴，才能收到统治的效果。我们看到胡三省引经据典的表述手法，用字不多，既加重了文字的力量，也丰富了论述的内容。

　　引经据典，若只是掉书袋，固然不好；但如果能够起到画龙点睛的效果，也是言简意赅的最好做法吧。当然，更重要的是把当时人的"心意"准确地呈现出来。

《通鉴》胡注中关于"心"的意义

　　《资治通鉴》的胡三省注，内容丰富，举凡字词解说、史事探究、地理考证、职官辨析、典章阐述可说十分精辟，极有助于对《通鉴》内容的深入认识；就是各种动、植、矿物的资料，以及器械、工具的解说，都做了妥适的安排，对于增添读者的知识，也大有助益。然而，胡三省自己阅读的感触与心得，不时流露于字里行间，似乎颇值得我们的注意与重视，它让我们看到胡三省是怎样阅读文本，也就是怎样理解历史；同时也提供了我们阅读文本与理解历史的方向与路径，有其重要价值。其中，许多写到"心"字的地方，必然蕴含着一些深意，似可一探。

　　谈到"胡注"，首推研读者，当属陈垣援庵先生的《通鉴胡注表微》这部经典著作。援庵先生《表微》的第十七篇，以"民心"为题，虽与胡注中的"心"不尽相同，然也有相似之处。援庵先生在篇前的序言中说："民心者，人民心理之向背也。人民心理之向背，大抵以政治之善恶为依归。夷夏之防，有时并不足恃，是可惕然者也，故《胡注》恒注意及之。孟子曰：'三代之得天下也，得其民也；得其民者，得其心也。'恩泽不下于民，而责人民之不爱国，不可得也。夫国必有可爱之道，而后能令人爱之；天下有轻去其国，而甘心托庇于他政权之下者矣。《硕鼠》之诗人曰：'逝将去汝，适彼乐国。'何为出此言乎？其故可深长思也。"① 这段文字中，亦屡屡提及"心"字，正可以作为吾人进一步探讨之基础。不过，援庵先生学识渊博，随手引述之著作甚伙，古典今典之印证极精，远非笔者所能企及，故有关"心"字的讨论，只限于《通鉴》与胡注参照叙述了。

一、因事观心

胡三省在注文中，不时透露阅读《通鉴》的意见，诸多建议中，提出一个很明确的主张，就是"读《通鉴》者因其事而观其心迹，则知之矣。"② 拙文《胡三省史学新探：简论〈通鉴胡注〉与〈胡注表微〉》，笔者即以"因事观心"称之，与其他"尊重传统""博物精神""精细辨析"和"审势明道"同列为胡注的明显"特点"。但该文只是稍有提及，未做任何阐释。

胡三省所说"因其事而观其心迹"，可以稍做梳理。此处

① 陈垣.通鉴胡注表微［K］.台北：世界书局，1960：332.

② （北宋）司马光，编著.（元）胡三省，音注.资治通鉴［K］.北京：中华书局，1956：7464.

之"事"，泛指事情、行为与言论，也就是人们的作为与言语，表现于外的现象或景况，既是当时人们经历的，也是史书上所记载的。如果我们只是看到了或知道了这表面上的事情经过、言谈议论，我们是否知道了过去所发生的事情？胡三省显然不大赞同。因为事情的认识与理解不能只停留在史书的文字叙述上，我们必须对它所形成的原因有所探索，也需要对它发展演变的深层理由有所探究，唯有更多、更深的认识，我们对于过去的求知欲方能得到一些满足。如何做呢？胡三省所用的方法就是"观"，"观"当然有观看、观察的意思，但不止于此，而是兼有探究、思考、分析和判断的意思。

胡三省对"观"字所作的解说，最清楚的是在卷二八〇，后晋高祖天福元年（936）。《通鉴》曰："契丹主谓石敬瑭曰：'吾三千里赴难，必有成功。观汝器貌识量，真中原之主也。'"胡三省写了一条注文：

> 契丹主初来赴难，石敬瑭出见之于晋阳北门；此时固得之眉睫间矣。及围晋安，军中旦暮见，审之既熟，然后发此言。然味其言，不徒取其气貌，又取其识量，则其所谓观者必有异乎常人之观矣。①

这条注文的重点在说明"气貌"与"识量"是不同的，气

---

① （北宋）司马光，编著.（元）胡三省，音注.资治通鉴［K］.北京：中华书局，1956：9154.

貌是表面的，一见之下即可认知；识量是深刻的，需有一段时间、过程方能体会。于是，胡三省提出了"所谓观者必有异乎常人之观"的论点，也就是说，此处的"观"字，不是常人一般的"观看""观察"，而是经过一番仔细的分析而得出的论断。

我们可以举一个例子略做说明。袁绍死后，二子袁谭、袁尚相争，袁谭派辛毗前往曹操处求援，当时曹操正在考虑究竟出兵进攻荆州的刘表，还是平定河北的二袁；尽管荀攸建议乘袁氏兄弟内讧，取河北而定天下，但曹操仍想不妨让二袁自相残杀，提兵攻取荆州。这时辛毗向曹操说了一番话，使得曹操决定出兵救助袁谭。胡三省在辛毗的这番说辞之后，写下了一句话："观毗之言，非为谭请救也，劝操以取河北也。"① 就是透过辛毗说辞的表面意思，读出了辛毗心中的真正意向。我们可以想象一下，胡三省是怎么写下这句话的，他非但仔细玩味辛毗说辞的意涵，而且对于当时的情景，诸如曹操其人之聪慧智谋，也有一定了解，所以，辛毗话中有话，曹操一听就懂。问题是，如果没有胡三省的提示，我们读到辛毗的这番话，会有这样的领悟吗？笔者是深致怀疑的。同样的例子可见于胡三省怎么看宋文帝给荆州刺史刘义恭的那封信，胡三省说："详观宋文帝此书，则江左之治称元嘉，良有以也。"② 所谓"详观"，应该是指细读与深思。仔细读这封信，可以读出统治者体会到天

---

① （北宋）司马光，编著.（元）胡三省，音注.资治通鉴［K］.北京：中华书局，1956：2051.

② （北宋）司马光，编著.（元）胡三省，音注.资治通鉴［K］.北京：中华书局，1956：3806.

下艰难，守成不易，所以，立身处世，必须俭朴亲仁的道理；以此用于治民处事，国家即可步上坦途。此处的胡注给了读者重要的提示。

"观"不只是用于言辞或书信的理解与掌握，就是一位政治人物，一生的事迹与成就，只要深入思考，用心体会，也可以理解与掌握，同样也是胡三省所说的"观"。例如胡三省总论唐代历事肃、代、德三位皇帝的李泌，说道："自李泌为相，观其处置天下事，姚崇以来未之有也。"① 十分推崇。② 这条注语很长，

<hr>

① （北宋）司马光，编著.（元）胡三省，音注.资治通鉴［K］.北京：中华书局，1956：7495.胡三省又说："李泌相业，卓有可称，观此则可以传信，唐人毁之者皆妄也。"见《资治通鉴》卷二四七，页8001。

② 关于李泌，史书的记载与学者的意见甚见歧异，《资治通鉴》颇为肯定，在《资治通鉴考异》中，《通鉴》编者写道："泌虽诡诞好谈神仙，然其知略实有过人者。至于佐肃、代复两京，不受相位而去，代宗、顺宗之在东宫，皆赖泌得安，此其大节可重者也。《旧传》毁之太过，《家传》出于其子，虽难尽信，亦岂得尽不信！今择其可信者存之。"（卷二三二，页7519）现代学者王仲荦《隋唐五代史》即不信李泌的事迹，几乎一无述及。他在"序言"中说："我对于李泌没有重点写。李泌，新、旧《唐书》和《资治通鉴》对他就评价不一，照我看，他还算不上良相，他在相位时，并没有使唐王朝不稳定的政治局面有所改观。"这是因为，"在拙著中，能引《旧唐书》的，就用《旧唐书》。"《旧唐书》既然对李泌"毁之太过"，王仲荦自然也就不加采信。现代学者中，也有十分推崇李泌的，如范文澜。范著《中国通史简编》记李泌事甚详，范文澜说："李泌是唐中期特殊环境中产生出来的特殊人物。他经历唐肃宗、唐代宗、唐德宗三朝，君主尽管猜忌昏庸，他都有所补救和贡献；奸佞尽管妒忌加害，他总用智术避免祸害。他处乱世的主要方法，一是不求做官，以皇帝的宾友自居，这样，进退便比较自如；二是公开谈神仙、怪异，以世外之人自居，这样，不同于流俗的淡泊生活便无可非议。统治阶级争夺的焦点所在，不外名与利二事，李泌自觉地避开祸端来扶助唐朝，可称为封建时代表现非常特殊的忠臣和智士。""七八九年，李泌病死。他喜欢谈神仙怪异，自称是道教徒，从反对立白起庙、反对信天命看来，他谈神仙怪异，实在是处乱世的一种智谋，胡三省注《资治通鉴》，说是'子房（西汉初张良）欲从赤松游之故智'，可谓能知李泌的心事。"我们或许可以说，王仲荦之不信李泌事迹，即不信李泌之"心事"，而这正是胡三省所重视，而为范文澜所继承者。

是胡注中不多见的。其中，胡三省讨论到唐德宗是一位猜忌心很重的君主，李泌何以并不忌惮，有话直说？他的解释是："彼（德宗）其心以泌为祖、父旧人，智略无方，弘济中兴，其敬信之也久矣，泌之所以敢当相位者，其自量亦审矣，庸非智乎！其持黄、老、鬼神说，则子房欲从赤松游之故智也。但子房功成后为之，泌终始笃好之耳。"① 这段话中，所提及的"其心以泌为""敬信之""自量亦审矣"都可以说是唐德宗和李泌的"心事"，也就是"心迹"。

"心事"或"心迹"，不只是心中想什么，心中感受到什么，而是一个与外界事物，如情势发展、对手表现等，紧密联系的心理过程或内心活动。人们的内心世界，并不一定深邃幽冥，难以探索，只是缺少直接的资料证据，必须经过一番转折，方能有所触及。于是，人物的所言所行，就成了指向这个内心世界的一条路径，经由这个通道，我们可以看到一个更为"真实"的世界，也更可以了解人世间的种种现象，是如何形成、发展与演变的。胡三省说："以此知天下之势，但观人心向背何如耳。"② "观"人"心"而知大"势"，就是指出了这条认知历史的路径。

---

① （北宋）司马光，编著 .（元）胡三省，音注 . 资治通鉴［K］. 北京：中华书局，1956：7519.

② （北宋）司马光，编著 .（元）胡三省，音注 . 资治通鉴［K］. 北京：中华书局，1956：3243.

二、心事与心迹

"心事"或"心迹"既是潜藏于事物表象之下，扮演推动情势发展的重要角色，胡三省怎样描述呢？不妨举一实例，略做说明。

公元 354 年，桓温率军发自江陵，进入关中，驻军灞上。这时，王猛来见。《通鉴》的记载是："（王猛）闻桓温入关，披褐诣之，扪虱而谈当世之务，旁若无人。温异之，问曰：'吾奉天子之命，将锐兵十万为百姓除残贼，而三秦豪杰未有至者，何也？'猛曰：'公不远数千里，深入敌境，今长安咫尺而不渡灞水，百姓未知公心，所以不至。'温嘿然无以应，徐曰：'江东无卿比也！'"胡三省写了一条长注，兹录于下：

> 猛盖指出温之心事，以为温之伐秦，但欲以功名镇服江东，非真有心于伐罪吊民，恢复境土；不然，何以不渡灞水，径攻长安？此温所以无以应也。然余观桓温用兵，伐秦至灞上，伐燕至枋头，皆乘胜进兵，逼其国都，乃持重观望，卒以取败。盖温，奸雄也，乘胜进兵，逼其国都，冀其望风畏威，有内溃之变也。逼其国都而敌无内变，故持重以待之；情见势屈，敌因而乘之，故至于败。苏子由

所谓以智遇智，则其智不足恃者此也。①

我们比读《通鉴》与胡注，可以看到胡三省怎样读书、思考与议论。首先，《通鉴》中只记王猛说"百姓未知公心，所以不至"，并未说及"公心"的具体内容，胡注却清楚指出是桓温"欲以功名镇服江东，非真有心于伐罪吊民，恢复境土"。很明显，这些具体的说辞，是出自胡三省的"想象"，不过，我们可以说，虽属想象，但绝非凭空揣测，而是有其依据，而且是两方面的依据，一是从桓温与东晋朝廷之间的关系，尤其朝廷举殷浩与之对抗，让他十分生气，这些事情可以令人相信，桓温进兵关中，确有以功名镇服朝廷的用意。二是，史书的记载往往较为简略，阅读阐述之时，"添字解经"也是必要之举。朱子讲《诗经·豳风·鸱鸮》时，谈及三监之乱的起因，说了一句意味深重的话："而今书、传只载得大概，其中更有几多机变曲折在。"②意思是我们只能在有限的资料基础上，想象当时情景，方能对于历史上的重大事件得到较为完整的认识。

其次，胡三省对《通鉴》本文桓温的"心意"提出了解说之外，还要探究此一时刻，桓温不渡灞水，不攻长安，他心中

① （北宋）司马光，编著．（元）胡三省，音注．资治通鉴［K］．北京：中华书局，1956：3141.

② （南宋）黎靖德，编．朱子语类［Z］．台北：正中书局，1962：3354.

究竟有何盘算？也是胡三省在"欲以功名镇服朝廷"的解释上，进一步追问桓温的"心事"。他想到了桓温另一次的重大败绩，发现其中颇有雷同之处，都是起先声势很高，但都怯于决战，最后一败涂地。我们可以看到，胡三省是从桓温的"心态"上着墨，说他想用声势威吓，想要不战而屈人之兵。但是，对手十分坚强，不为所动，时日稍久，声势弱了，气势衰了，对手反攻，只有仓皇撤退。胡三省还用了苏辙的话，说明桓温的对手苻健和慕容垂，都是不弱于他的"智者"。

最后，如果我们仿效胡三省的方法阅读这一段《通鉴》的文字，我们会怎么做呢？胡三省教我们的是，尽量想象当时的情景，也就是尽量设法进入谈话二人的心中。

笔者读这段文字，觉得桓温最后的那一句话"江东无卿比也"，似乎不应该是对王猛所说的回应，而是对王猛整体表现的欣赏。桓温见到王猛"扪虱而谈当世之务，旁若无人"，深感其豪迈俊爽的气概，以及雄辩精妙的言辞，为江东诸贤所不及。相对而言，王猛为什么要去见桓温？应该震于桓温之大名，得有一晤的机会，决不放弃。我们可以想象，王猛在桓温面前，怎样谈论当世之务，那必然是凝聚精神，把自己的学识与聪明，尽情地展现出来。另一方面，他也会处处小心，绝不把自己的真正想法有所泄漏，绝不让桓温摸清他的底蕴。

我们可以想见，两位极其杰出的人物会面，为史上所少见，必定精彩。

笔者这么说，还有几点理由，诸如：一、这是一个崇尚谈辩的时代，最杰出秀异的人物，无不精于此道，桓、王二人，自不例外。二、《晋书·郗超传》曰："（桓）温英气高迈，罕有所推，与超言，常谓不能测，遂倾意礼待。"可知桓温之欣赏郗超，进而倚重郗超，即由于郗超具有使桓温"不能测"的思考与谈辩能力，桓温对王猛的认识，可以类推。三、我们还是看看胡三省的体会，他说："猛不肯从温，温岂不欲杀之邪！盖温军已败，匆匆退师，不暇杀之也。"[①] 唯有认为王猛在桓温心中留下极为深刻的印象，否则桓温不会有若不从我，我必杀之以绝后患的念头。

人物内心活动的认识，不只是在一次对谈，或一件事情上可以探知，也可以从整体的情况，或比较的方法上得到。胡三省比较殷浩与谢安，也涉及桓温，写了一条长注，录于下：

> 江东人士始焉所期望者殷浩，浩既无以满众望矣，继而所望者谢安，而安卒能匡辅晋室。世之论者，皆优安而劣浩。余谓盛名之下，其实难副。浩之所以败，正以与桓温齐名，其心易温；又值石氏之乱，以为可以立功，败于轻率也。谢安当桓温擅政之时，又身尝为之僚属，而惩浩之所以失，戒温而为之备；温既死而值秦之强，兢兢焉为

① （北宋）司马光，编著.（元）胡三省，音注.资治通鉴［K］.北京：中华书局，1956：3142.

自保之谋，常持惧心，此其所以济也。史氏谓其能矫情镇物，盖因屐齿之折、白鸡之梦而知之耳。[①]

这段文字先讲到了江东人们的期望，即"深源不起，当如苍生何！"（胡注：殷浩，字深源）[②]以及"安石不出，当如苍生何！"（胡注：谢安，字安石）[③]所谓人们的期望，就是江东士大夫心里的期待。接着提出自己的意见，认为人们的期许与实际的情况之间，难免有一段落差。他再说明殷浩的失败与谢安的成功，重点在于殷浩的心，不以桓温为雄杰，[④]也不以世事为艰难；谢安则否，心中常持戒慎恐惧。胡三省的论述不只是比较了殷、谢二人对人、对事的态度，更是对谢安何以能够"常持惧心"做一分析。这是因为谢安曾任桓温僚属，对桓温有深入的了解，他面对的情势十分严峻，先有不逊之志的桓温，专擅朝政；后有实力强大的前秦，肆意南犯。他记取了殷浩失败的教训，唯有兢兢业业，全力以赴，故能维持晋室，击退强敌。

---

① （北宋）司马光，编著.（元）胡三省，音注.资治通鉴［K］.北京：中华书局，1956：3182.

② （北宋）司马光，编著.（元）胡三省，音注.资治通鉴［K］.北京：中华书局，1956：3054.

③ （北宋）司马光，编著.（元）胡三省，音注.资治通鉴［K］.北京：中华书局，1956：3182.

④ 《世说新语·品藻》："桓公少与殷侯齐名，常有竞心。桓问殷：'卿何如我？'殷云：'我与我周旋久，宁作我。'"

我们读这段胡注，可以看到有三个谈及"心"的地方，即：人们的"期待之心"，殷浩的"轻易之心"以及谢安的"戒惧之心"。胡三省似乎告诉我们，人们的期待之心，有其原因，此处所指只是江东士人，扩而言之，则如援庵先生《通鉴胡注表微·民心篇第十七》之所述，则是人民的共同心愿。执政者以"轻易之心"治事，则未有不败者，殷浩事迹，可以为鉴；唯有常存"戒惧之心"者，仔细谨慎，思虑周密，全神贯注，全力以赴，方能化解危机，开创新局，谢安即其例也。这无疑是一种历史的解释，或许可以说是属于"唯心史观"的解释。关于谢安的述评，笔者个人以为缪钺最为高明，他是这么说的："魏晋以来对于政治之新理想，在能融合儒道，以道家旷远之怀，建儒家经世之业，此理想至谢安而实现，信乎陈郡谢氏之多才矣。"[①] 不过，笔者仍然认为胡三省从"心"的角度阐释谢安的功业，借以提出一个可以评骘人物、理解史事的典范，尤其饶有意义。

三、以心阐事

从"心"的角度，探讨某一人物的作为，可以得到较为

① 缪钺.冰茧庵丛稿·清谈与魏晋政治［Z］.上海：上海古籍出版社，1985：56.

深入的认识，其例极多，可谓不胜枚举。另一方面，把许多人的内心活动联系起来，观看事件的过程，随着人们表现出来的诧异、不解、惊慌、愤怒，或者愉悦、欣喜、欢快、大乐，可以清楚察觉到人们内心的真切感受，同时也可以体会到此时呈现的特有氛围。五代后晋为契丹所亡的经过，胡三省的注解，以人们的内心活动为主体，十分明显，似可一谈。略述如下：

五代的后晋，是怎样灭亡的？《通鉴》之中已有明确记载，我们透过胡三省的注解，似乎可以看得更为深入。《通鉴》卷二八五，后晋齐王开运二年（945），开卷所记的第一件事，即重用冯玉，"事无大小，悉以委之"。接着写道："帝自阳城之捷，谓天下无虞，骄侈益甚。"胡三省写了一条长注：

> 夫胜之不可恃也尚矣。纣之百克而卒无后，夫差数战数胜，终以亡国。桑田之捷，灭虢之兆也；方城之胜，破庸之基也。项梁死于定陶而嬴秦墟，宇文化及摧于黎阳而李密败，皆恃胜之祸也。阳城之战，危而后克。契丹折衄北归，蓄愤愈甚，为谋愈深，晋主乃偃然以为无虞，石氏宗庙，宜其不祀也。[1]

---

[1] （北宋）司马光，编著.（元）胡三省，音注.资治通鉴 [K].北京：中华书局，1956：9295.

从这一段文字中，我们看到了胡三省举了许多历史上的事例来说"骄者必败"，特别是在克捷之后，骄心顿生，荒于政事，疏于防范，必定招致更大的，甚至是全面的失败。至于战役失利的一方，为了雪耻报仇，积极准备，心情、态度、做法等都朝向正面发展。两相对照，未来情势的变化，当可预期。

冯玉只会承奉，不敢稍有违逆，更是得到晋出帝的宠幸；而冯玉手握权势，贪赃纳贿，朝政快速败坏。胡三省说："史言晋亡形已成。"[①] 而直接导致晋亡的，则是杜威。范文澜说："杜威在诸将中，贪婪残暴无耻怯懦尤为突出，因为是晋出帝的姑夫，特别被信任。"[②] 晋出帝被废北迁，经过杜重威（即杜威，避出帝石重贵讳）的营寨，十分感叹，说："天啊！我家何负于你，被你这个坏东西弄得这么惨！"（天乎！我家何负，为此贼所破！）大哭了起来。胡三省一点儿都不同情，写道："于晋之时，通国上下皆知杜重威之不可用，乃违众用之以致亡国。《诗》云：'啜其泣矣，何嗟及矣。'今至于恸，庸有及乎！"[③]

杜威有多坏？要看他的作为中反映出他心里想着什么。开运三年，晋辽之间战事已启，冯玉等建议以杜威为元帅，有一

① （北宋）司马光，编著．（元）胡三省，音注．资治通鉴［K］．北京：中华书局，1956：9296．

② 范文澜．中国通史简编（第三编）［K］．北京：人民出版社，1965：378．

③ （北宋）司马光，编著．（元）胡三省，音注．资治通鉴［K］．北京：中华书局，1956：9333．

位大臣赵莹反对，私下对冯玉说："杜威是国戚，地位已经很高了，这个人欲望不小，一副不满足的样子，不能再给他兵权了，不如任命李守贞。"胡注："杜威之心迹，虽赵莹犹知之。"①胡三省提到了"心迹"，意思是，从杜威长期的作为和表现来看，这个人贵为将相，还是不能满足，还想要更上层楼；这是稍有头脑的人都看得出来的，就像赵莹这样的人，也都看得清清楚楚。

杜威的实际作为呢？他利用出帝姑夫的身份，要公主为他添兵，出帝同意，把禁军都交给他指挥。胡注："杜威之计，即赵德钧请并范延光军之计也，德钧不得请而威得请耳。其志图非望而败国亡身则一也。"②胡三省所说的"志图非望"，也就是他那不满足只是贵为将相的"心迹"。

胡三省认为，杜威不肯出兵支援王清，他那"卖国以图利己"的心迹，已经昭然若揭，尽人皆知了。事情是这样的，王清率步卒两千，夺桥开道，进向恒州，但需杜威率大军作为后援。结果王清与契丹拼死决战，一再请求援兵，杜威就连一兵一卒都不派遣。王清认为杜威已有"异志"，自己只有以死报国，结果是与部下几乎都战死沙场。胡注："李谷为杜威画计而不行，犹可曰言之易而行之难，至于王清力战而不救，则其

---

① （北宋）司马光，编著.（元）胡三省，音注.资治通鉴［K］.北京：中华书局，1956：9311-9312.

② （北宋）司马光，编著.（元）胡三省，音注.资治通鉴［K］.北京：中华书局，1956：9314.

欲卖国以图已利，心迹呈露，人皆知之矣。"① 杜威实际的做法则是暗地与契丹联络，得到契丹的允诺，写就降文，再逼迫将领签署，军士解甲。军士听说集合，以为要出发作战了，士气振奋，没想到居然是投降，无不仰天痛哭，声振原野。胡注："史言晋军之心皆不欲降契丹，迫于其帅而从之耳。"② 胡三省此处把军士报国的心与主帅卖国的心，做了一个明显而又强烈的对比。

胡三省说，杜威和军士都没想到，他们都被契丹人戏弄了。契丹人让赵延寿穿着赭袍，再拿一件赭袍给杜威披上，到底契丹人要立谁做儿皇帝呢？杜威自己以为大有机会，结果当然是落空的。军士们想到，不管是姓杜的，还是姓赵的，都是华人，都可以接受。胡三省是从"心"的观点进行分析，兹录于下：

契丹主非特戏杜威、赵延寿也，亦以愚晋军。彼其心知晋军之不诚服也，驾言将以华人为中国主，是二人者必居一于此。晋人谓丧君有君，皆华人也，夫是以不生心，其计巧矣。然契丹主巧于愚弄，而入汴之后，大不能制河

---

① （北宋）司马光，编著.（元）胡三省，音注.资治通鉴［K］.北京：中华书局，1956：9318.

② （北宋）司马光，编著.（元）胡三省，音注.资治通鉴［K］.北京：中华书局，1956：9318.

东，小不能制群盗，岂非挟数用术者有时而穷乎！①

胡三省想到了契丹人的心术，他们很了解晋军的心理，是与主帅不同的；他们想到如何安抚这些愤怒的士兵，免得横生枝节，推出一位华人的国君，应可消弭兵士心中的愤怒。结果呢？晋军被愚弄了，实际的情形却不是如此。于是，从契丹人让杜威和赵延寿各穿着代表天子尊荣的赭袍的这一件事，我们可以见到杜威的心事，晋军将士的心态，以及契丹人的心术。胡三省接着谈，擅于心术或心计，有用吗？从这个例子可以说明"挟数用术"，也就是工于心计、擅长算计，都是有时而穷的。为什么呢？因为历史上的事，只告诉我们"道理"，任何的技巧都是白费心力，都没有价值。朱子与学生讨论《易经·咸卦》时，就说过："某尝说，今世之士所谓巧者，是大拙，无有能以巧而济者，都是枉了，空费心力。只有一个公平正大行将去，其济不济，天也。古人间有如此用术而成者，都是偶然，不是他有意智。要之，都不消如此，决定无益。"又说："古人做得成者，不是他有智，只是偶然。只有一个正其谊不谋其利，明其道不计其功，其他费心费力，用智用数，牢笼计较，都不济事，都是枉了。"②朱子认为历史

---

① （北宋）司马光，编著 .（元）胡三省，音注 . 资治通鉴［K］. 北京：中华书局，1956：9319.

② （南宋）黎靖德，编 . 朱子语类［Z］. 台北：正中书局，1962：2896.

价值只在道理，不在技巧，[①]似乎给了胡三省一定的启示。

后晋亡了，晋出帝被赶出宫中，见到的人无不流涕。胡三省写道："亡国之耻，言之者为之痛心，矧见之者乎！此程正叔所谓真知者也。天乎，人乎！"[②]亡国之耻，言之痛心，见之者更是痛心。读史至此，自然流露出身为宋遗民的家国之感，无限悲愤，极其沉重。

范文澜写这一段史事，主要依据《通鉴》，也用了胡三省的意见，例如："杜威早存乘机卖国的奸心，要求禁军都随大军出发。晋出帝一心以为出击必胜，允许杜威的要求，因此，开封守卫空虚，只等杜威的出卖。"[③]明显看到范文澜叙述的关键是杜威的奸心和晋出帝的骄心，也是胡三省一再强调的重点。但也有不同意的地方，例如：杜威不援王清，结果王清与士卒全部牺牲，范文澜写道："晋诸军在南岸望见，无不丧气，但还不知是杜威的毒计。"[④]就没有采用胡注所言"其欲卖国以图己利，心迹呈露，人皆知之矣"的说法。范文澜是经过一番思考的，因为若此时杜威心迹已露，人皆知之，就与其后军士从踊跃到痛哭的心情转变，有了矛盾，很难自圆其说。我们可

[①] 请参阅拙撰《朱子讲历史之五——历史中的道理和技巧》，《历史月刊》第 215 期，2005 年 12 月，页 92—96。

[②] （北宋）司马光，编著.（元）胡三省，音注.资治通鉴［K］.北京：中华书局，1956：9323.

[③] 范文澜.中国通史简编（第三编）［K］.北京：人民出版社，1965：379.

[④] 范文澜.中国通史简编（第三编）［K］.北京：人民出版社，1965：380.

以看到，不论同意，还是不同意，范文澜对胡注非常重视。例如：汉高祖刘知远依照惯例收取民间财物以赏赐将士，夫人李氏建议拿出宫中的所有财物犒军，数目虽不多，将士必无怨言。刘知远同意，照着做了，"中外闻之，大悦"。胡三省注曰："妇人之智及此，异乎唐庄宗之刘后矣。鄙语有之：'福至心灵，祸来神昧。'二人者各居一焉。"①范文澜采用了这个资料，并且讨论了胡注，他说："胡三省注《通鉴》，用鄙谚'福至心灵，祸来神昧'，赞美李后有这种识见是属于前一类。事实上鄙谚应改为心灵福至，神昧祸来。"②可知范文澜对于胡注非但仔细读过，而且用心想过。胡三省重视"心"的意义，范文澜会不重视吗？古人读史，重视"心"的意义，今天我们读史，可以不重视吗？

四、读史与观心

我们为什么要从"心"的观点来读史书呢？是不是我们可以得到事情的真实？应该不是的，因为探讨过去人们的心理，虽然可以得到较为深刻的看法，但总是属于揣摩推测，欠缺足以支持的证据，非但给人十分主观的印象，甚至有违"有几分

① （北宋）司马光，编著 .（元）胡三省，音注 . 资治通鉴 [K]. 北京：中华书局，1956：9343.

② 范文澜 . 中国通史简编（第三编）[K]. 北京：人民出版社，1965：384.

证据，说几分话"的治史原则。不过，如果我们并不相信"过去的事实"是可以完全认知的，不认为阅读史书的主要目的在于"得到事情的真实"，我们可以走出"历史的目的就是找出过去真相"的这一迷思，同时也清楚知道，在理解历史的过程中，"证据"尽管重要，它是历史知识的基础，但也是有时而穷的，历史工作不能只限于实证的一个面向。那么，历史该如何理解呢？史书该如何阅读呢？胡三省从"心"的角度来谈，似乎可以给我们一定的启发。

南北朝后期，北齐与北周对峙，北齐地广人众，物产、文化均胜于北周，但齐政甚坏，卒为周所并灭。《通鉴》记北齐之败政："官由财进，狱以贿成，竞为奸谄，蠹政害民。"又曰："为守令者，率皆富商大贾，竞为贪纵，赋役繁重，民不聊生。"胡三省注曰："史极言齐氏政乱，以启敌国兼并之心，又一年而齐亡。有天下者，可不以为鉴乎！书名《通鉴》，岂苟然哉！"① 政乱必亡，似乎是不须多言的历史常识，尤其是在两国对峙之时，国力的强弱往往与政治的良窳成正比，政治衰乱，必为对手所败。就事情上看，真是卑之无甚高论，但胡三省用了很重的话语，既说有天下者，应以为鉴；又说书名《通鉴》，意义在此。其理由呢？"以启敌国兼并之心"，这句话就是答案，意思是治国者要戒慎恐惧，用心治国，才不会让敌国有机可乘，

---

① （北宋）司马光，编著.（元）胡三省，音注.资治通鉴［K］.北京：中华书局，1956：5340.

也就是不让敌国萌生兼并的念头。

再举一例。汉成帝时，王家专政，士民借灾异上书讥切，到了汉平帝时，情况大为不同，士民上书，皆为王莽而言。胡三省注曰："成帝之时，吏民犹讥切王氏；平帝之末，吏民以王莽不受新野田，上书者至四十八万七千五百七十二人，何元、成之时吏民犹忠于汉，平帝之时吏民则附王氏也？政自之出久矣，人心能无从之乎！有国家者，尚监兹哉！"[①]胡三省要当政的人注意的，无非是民心的趋向，要知道民心转变的原因。就西汉末年的情形而言，成帝听张禹之言，一任王氏专擅朝政，不听吏民的谏言，是汉祚中衰的重要原因。[②]等到王莽主政，尽量收买拉拢民心，情势就会出现逆转，国家也将不保。所以，此处胡三省除了明白提出王莽主政之后人心的转变，其实也暗含了成帝之时的吏民之心、张禹的用心等，要"有国家者"读史之时，多多留意，知所诫鉴。

有人说，《资治通鉴》是帝王之书，专门写给"有天下者""有国家者"看的，至多可供将相大臣参考，对于一般人民，似乎毫无用处。但在胡三省眼中，并非如此。五代十国的吴国，杨行密病重，其子杨渥不才，有人建议刘威继位，徐

---

① （北宋）司马光，编著 .（元）胡三省，音注 . 资治通鉴 [K]. 北京：中华书局，1956：1023.

② 在前注引文的前面，胡三省已写了一段话，即："元帝师萧望之，成帝师张禹，皆敬重之矣。元帝不能听望之言疏许、史而去恭、显，成帝则听禹言而不疑王氏，望之以此杀身，禹以此苟富贵。汉祚中衰，实由此也。"

温力阻。刘、徐之间，矛盾已然形成，甚至将兵戎相见。刘威的幕客以为并无反状，建议轻舟入觐，陶雅也与刘威一起前往广陵。《通鉴》记曰："温待之甚恭，如事武忠王（杨行密）之礼，优加官爵，雅等悦服，由是人皆重温……温遣威、雅还镇。"胡注："刘威镇洪州，陶雅镇歙州。徐温事威、雅如事杨行密，贵而不敢忘旧者，能矫情为之；至于遣威、雅归镇，不特时人服之，威、雅亦心服矣。自古以来，英雄分量固自不同，至于随其分量以制一时之事则一也。善观史者毋忽诸！"[①] 我们应该注意最后两句话，一是说明事件、人物有大小之分，但道理只有一个。在这里，是历史上相当偏远的角落，说的道理是"心服"；同样的，在一些大事件的大英雄身上，"心服"的道理并无二致。二是会读历史的人，重视的应该是什么呢？胡三省的答案就是像"心服"这样，存在于每一个人心中的道理吧！

人心中的道理，指何而言？我们可以举若干例子，稍作说明。沈约撰《宋书》，疑立《袁粲传》，送给南齐武帝审定，武帝说："袁粲自是宋室忠臣。"胡注："此人心之公，是非不可泯者。"[②] 北齐政争，大臣杨愔被杀，太皇太后临杨愔之丧，哭着

---

① （北宋）司马光，编著.（元）胡三省，音注.资治通鉴［K］.北京：中华书局，1956：8762.同样的意思，可见于卷七十六，页2402的胡三省注："司马师承公懿之后，大臣未附，引咎责躬，所以愧服天下之心而固其权耳。盗亦有道，况盗国乎！"

② （北宋）司马光，编著.（元）胡三省，音注.资治通鉴［K］.北京：中华书局，1956：4324.

说："杨郎忠而获罪。"胡注："娄后此言，出于人心是非之真也。"[1] 钟会到了成都，把邓艾捉住送赴京师，这时姜维想要利用钟会尽杀北来诸将，杀掉钟会，再立汉主，还与刘禅秘密联系。胡注："姜维之心，始终为汉，千载之下，炳炳如丹。陈寿、孙盛、干宝之讥贬皆非也。"[2] 这些都是失败的人，都因为坚持理念，或忠忱为国，惨遭杀戮。但在当时人们心中，还是十分尊敬，这就是人之所以为人的某种价值。后人读史，是否应该把它强调一下，还是视若无睹，甚至加以讥贬？胡三省的意见是十分明显的。

如果违背了人世的道理，其心也就难安；若不知检点，一意孤行，徒然留下负面教训。东汉安帝时，大将军邓骘征羌，手下任尚为羌人所败，死者八千余人，羌人势力大盛。主政的邓太后另外派人主持三辅军事，召邓骘还师。邓骘回到京师，迎接的场面十分浩大。胡注："邓骘西征，无功而还，当引罪求自贬以谢天下，据势持权，冒受荣宠，于心安乎！君子是以知其不终也。"[3] 就是一个例子。胡三省认为，这类有违道理的事情，严重者甚至上天都会示警。北齐主将太后从晋阳带到邺城，路途中遇大风，

①（北宋）司马光，编著.（元）胡三省，音注.资治通鉴［K］.北京：中华书局，1956：5201.

②（北宋）司马光，编著.（元）胡三省，音注.资治通鉴［K］.北京：中华书局，1956：2481.

③（北宋）司马光，编著.（元）胡三省，音注.资治通鉴［K］.北京：中华书局，1956：1577.

有一臣子懂得风角，就说这是暴逆之事的表征。齐主假托邺城中有政变，其实是把太后幽禁起来。胡注："幽母之事，隐于心而未发，而暴风已应于上，天人之际可畏哉！"[①] 胡太后行为不检，并不受人敬重，但胡三省还是说，幽禁母亲，就是有违人子之道，一有此心，上天就会有所反应，可见胡三省对于不能心安的违理之事，是十分看重的，希望读史者也要看重。

读史不只是看事情的发展，更要深入到人们的心中，可以得到什么呢？就执政者而言，懂得人心的哀乐至为重要。执政者，非但要知道一般大众、寻常百姓的生活苦乐，战场上士卒与将领的态度与想法，正如援庵先生《通鉴胡注表微·民心篇第十七》所述论者；就是处理政事，也有需要用心的地方。胡三省针对个人情况，做了精细的讨论。例如：唐太宗初即位，房玄龄、杜如晦受到重用，两人都亲近封德彝，而疏远萧瑀。胡三省就此事说了他的意见："太宗初政之时，以房、杜之贤，萧瑀之直，而不相亲，乃亲封德彝者，盖以瑀之疏直，难于共事于危疑之时；而封德彝之狡数，不与之亲密，则不能得其情也。后之为相者，其心无所权量，但曰亲君子，远小人，未有能济者也。"[②]（按：封德彝受到杨素的赏识而崭露头角，胡三省说："杨

———————

① （北宋）司马光，编著.（元）胡三省，音注.资治通鉴［K］.北京：中华书局，1956：5298.

② （北宋）司马光，编著.（元）胡三省，音注.资治通鉴［K］.北京：中华书局，1956：6025.

素赏重封德彝，非但以其算略，盖心术亦相似。"①胡三省不欣赏杨素，也不会喜欢"狡数"的封德彝，所以，胡三省此处纯粹是就事而论，并不涉及个人的德行。他要说的重点显然是，"亲君子，远小人"这样的话，什么人都会说，但如果不能深入体察人心的幽微，只是从表面上来看，是做不好任何事的。）

个人的待人接物，也可以从历史上得到训诫与启发，执政者的言行举止，尤其不可轻率随便。五代十国的杨行密，其夫人是朱延寿之姊，但杨行密经常"狎侮"朱延寿，朱延寿很生气，暗地与人通谋，并与朱全忠联系。胡注："《书·旅獒》曰：'德盛不狎侮。狎侮君子，罔以尽其心；狎侮小人，罔以尽其力。'杨行密狎侮朱延寿，几至于亡国丧家，盖危而后济耳，可不戒哉！"②胡三省读到这一件历史上的"小事"，想到了经典上的训示，也想到了待人的道理，此处虽针对掌权执政的人，对一般人而言，何尝不也是如此呢？

我们读史，体会人世间的道理之外，也要感受古人卓绝的精神，以拔高自己的境界，这当然属于"心"的作用。胡三省读到晚唐清流之祸，回想东汉末年的党锢之祸，写道："东汉党锢之祸盖亦如此。但李、杜诸公风节凛凛，千载之下，读其事者犹使人心神肃然。晚唐诗人不能企其万一也，而亦以胎清

————————

① （北宋）司马光，编著.（元）胡三省，音注.资治通鉴［K］.北京：中华书局，1956：5548.

② （北宋）司马光，编著.（元）胡三省，音注.资治通鉴［K］.北京：中华书局，1956：8614.

流之祸，哀哉！"①我们可以想见胡三省写下"心神肃然"四字时，心中一定极受感动，就好像苏轼幼年听母亲读《后汉书·范滂传》时的感动，②都是发自内心的深处。我们相信，读史之时，内心有所触动者，对于一生的进退出处，必然产生决定性的影响。

五、结语：心与神入（empathy）

我们读《通鉴》的胡三省注，读到了许许多多的"心"字，可以感到他对这个字的重视。但是我们也很清楚，胡三省并未从"心"的观点建构起历史解释的理论或模式，甚至连这样的意图似乎都没有。这与柯林武德所说"作为心灵知识的历史学"③是有一定距离，不能强加比傅，或混为一谈的。那么，胡注中的"心"的意义何在呢？笔者以为，主要在于它指出了一条进入历史，或理解历史的路径。经由"心"的思考或体会，读史者可以更深一层地进入历史世界之中，这就是说，"心"是想象的过程，有理性的分析，也有感性的体悟，既探知过去，

---

① （北宋）司马光，编著.（元）胡三省，音注.资治通鉴［K］.北京：中华书局，1956：8094.

② （元）脱脱，等撰.宋史［K］.北京：中华书局，1985：10801.

③ ［英］柯林武德.历史的观念［K］何兆武，张文杰，译.北京：商务印书馆，2003：306.

也展望未来。

胡三省对历史的理解，呈现在他的注文之中，当然受到史书注释传统的一定约制，但他本人的创发也是非常醒目。[①] 援庵先生说："前四史虽有旧注，不尽可从，自晋以至五代，则皆身之创为之。"[②] 对于旧注，胡三省"不尽从"的地方，往往是在关于"心"的解说。例如：汉哀帝时，丞相王嘉上封事，其中有曰："陛下在国之时，好《诗》《书》，上俭节，征来，所过道上称颂德美，此天下所以回心也。"胡注："师古曰：望为治也。余谓回心者，回其戴成帝之心而戴哀帝也。"[③] 从这里可以看到，胡三省对此处颜师古《汉书》注的不满，一是未重视"回心"二字，二是"回心"二字是一个内心的活动，有其确切的目标，说是"望治"，总嫌笼统。同样的情形，也可见于他对李贤的不满。汉明帝时，北匈奴虽曾遣使入贡，仍然寇掠不息，郑众上疏，谏曰："臣闻北单于所以要致汉使者，欲以离南单于之众，坚三十六国之心也。"胡注："贤曰：武帝开通西域，本三十六国。余谓坚其心者，欲使之专附匈奴。"[④] 李

---

① 请参阅拙撰《胡三省与中国史书的注释传统》，魏林格，施耐德，主编.中国史学史研讨会：从比较观点出发的论文集［M］.台北：稻乡出版社，1999：177—197.

② 陈垣.通鉴胡注表微［M］.北京：商务印书馆，2011：56.

③ （北宋）司马光，编著.（元）胡三省，音注.资治通鉴［K］.北京：中华书局，1956：1110.

④ （北宋）司马光，编著.（元）胡三省，音注.资治通鉴［K］.北京：中华书局，1956：1448.

贤注嫌浮泛，未能掌握文本的要点，主要是未能进入其时北匈奴人心中，也就说不出这句话的确切意涵。晋至五代的胡注，我们可以看到一个趋势，就是"心"字的出现，逐渐增加，对于人们内心的探讨，也就逐渐深入。胡三省是宋末元初时人，他承继的是既有高远理想又有深细功夫的宋代学术传统，解说历史不限于名物、地理的考订，典章、官制的阐释，更不甘于字、词的解说，史事表面含义的叙述，而要深入人们心中，一探内心世界中的机权曲折，也就不足为奇了。

古人内心世界的活动，我们用什么方法可以得知呢？最好的方法恐怕就是用自己的心去思考、分析、体会、感受史书记载中古人的心，①这也就是所谓的"神入"，即英文的 empathy。尽管"后现代主义"的历史理论很不同意"神入"，指出神入不能成立的种种理由，②但只要我们同意，理解历史不能不一探古人的内心世界，那么舍神入就没有其他路径了。

我们当然知道，时至今日，与古人生活的世界已千差万别，我们要与古人"同其感情"，可谓无此可能；不用说遥远的秦汉、魏晋，就是上一世纪的人与事，我们也无法完全理解，同其感情。

---

① 清浦起龙读杜诗，可以作为一个例子。浦起龙说："吾读杜十年，索杜于杜，弗得；索杜于百氏诠释之杜，愈益弗得。既乃摄吾之心印杜之心，吾之心闶闶然而往，杜之心活活然而来，邂逅于无何有之乡，而吾之解出焉。"（浦起龙.读杜心解[M].北京：中华书局，1961：5.）

② 请参阅凯斯·詹京斯著，贾士蘅译《历史的再思考》，台北：麦田出版社，1996，页111—122。